《道德经》新解

——解锁35岁以后的人生

郭新亚 著

郑州大学出版社

图书在版编目（CIP）数据

《道德经》新解：解锁35岁以后的人生／郭新亚著. — 郑州：
郑州大学出版社，2022.7
ISBN 978-7-5645-8686-7

Ⅰ.①道… Ⅱ.①郭… Ⅲ.①《道德经》- 研究 Ⅳ.①B223.15

中国版本图书馆 CIP 数据核字（2022）第 069448 号

《道德经》新解——解锁35岁以后的人生
《DAODEJING》XIN JIE——JIESUO 35 SUI YIHOU DE RENSHENG

策划编辑	邰　毅	封面设计	孙文恒
责任编辑	樊建伟	版式设计	孙文恒
责任校对	邰　毅	责任监制	凌　青　李瑞卿

出版发行	郑州大学出版社	地　　址	郑州市大学路40号（450052）
出 版 人	孙保营	网　　址	http://www.zzup.cn
经　　销	全国新华书店	发行电话	0371-66966070
印　　刷	河南龙华印务有限公司		
开　　本	710 mm×1 010 mm　1／16		
印　　张	13.25	字　　数	197 千字
版　　次	2022 年 7 月第 1 版	印　　次	2022 年 7 月第 1 次印刷

| 书　　号 | ISBN 978-7-5645-8686-7 | 定　　价 | 59.00 元 |

认识你自己

人生的枷锁

内容简介

风口,跨界,颠覆,迭代,时代的快速变化裹挟着"70后""80后""90后"乃至"00后"。从激情青春到中年不惑,内卷,忙碌,紧张,焦虑,我们的人生被谁设计了,又被谁控制了? 什么才是真正的成功?

2500年前的老子,中华哲学第一人,能穿透时光给我们带来启示吗? 重新解构老子思想,让他给现代人的人生做一个提案吧。让我们跟随老子的思想脚步,一起探索:

初心是什么? 使命是什么?

欲望是如何生长的,是如何蚕食初心、封锁灵魂的?

一个人该如何打破欲望的枷锁,重新释放自己,回归天性?

一个人该如何在回归大道的阶梯上进阶修炼?

苏轼用一生的经历和传颂千年的诗词给我们带来什么启示?

与老子来一场跨时空对话,能感受怎样的正能量?

让我们和自然大道一起,审视现实,思考人生,去一步步打破思想的枷锁,释放自己的天性,激发自己的内在动力,给35岁以后的人生带来更多可能、更大的想象空间。

序

静下来，是成功的第一步！

2019 年 5 月 22 日上午 11 点，妻子在手术室里进行着第二个孩子的剖宫产手术，我在外面盯着时钟上的指针一分一秒地划过。当时我就想，时间是弯曲的吗？有时快有时慢吗？人生就是在这样的一分一秒中度过的吗？

四天后，2019 年 5 月 26 日上午 10 点，同一家医院，同样的地方，我又在那里焦急地等待，一分一秒都是煎熬。这一次，手术室里进行的是母亲脑出血的微创手术。看到母亲被推出手术室，就好像是一场久别重逢，同时看到了母亲眼角的泪花。她是一个坚强的人，在我的记忆里很少见到她流泪。她一定是对这场突如其来的病感到措手不及，她一定还有很多话要说。后来我给她找东西时发现她自己写的三张纸，上面有她对小时候的回忆。20 天之后，母亲终于可以说话了，电话里再次听到她熟悉的声音，我的眼泪差点掉下来。平时司空见惯的事情，突然某个时刻你失去了，却发现它是那么珍贵。

从那之后，我常常思考：我们总感叹时间过得快，但真正属于我们的时间有多少？人这一辈子不过百十年，到最后回首往事时，我们是否欣慰？是否坦然？是否感觉曾经虚度？我们对得起自己的一生吗？对得起一生中度过的每一分每一秒吗？我们这一生到底能够为人们带来什么，创造什么价值？为什么会忙而无果，碌碌无为？

35 岁，本来是精力和阅历兼得的人生黄金时期，但我们却用它来随波逐流、找风口、换行业。感觉有点对不住自己，对不住人生的黄金时期。乘坐地铁，行走在路上,或是半夜醒来,我都在不断思考这个问题,最后做了一个决定:与其自己思考,不如借用圣人的智慧;与其只是自己在思考,不如把它当作一个系统工程,替千千万万个同行人好好探索一下。

因此来说,这本书,是写给我自己的,最终也是写给千千万万个和我有类似经历和想法的广大读者的。写给自己,这样才能找到最佳的解决方案。因为,向内求,扪心自问、反省思考,才能触及灵魂,进而探索出最具价值的解决方案,也才能找到最具可行性、落地实施的方案。改变自己,才是最容易、最具可行性的事情。最终写给千千万万个读者,那才是这本书最大的意义。把我三年来的探索、思考分享给更多的人,帮助更多的人在忙碌、奔波中静下来,在思考人生的过程中提供一个线索,起到抛砖引玉的作用,这就是本书的终极使命。

在键盘上敲完本书的最后一个字,我就在思考一个问题,如何用一句简单通俗的话来概括老子思想主旨以及我的切身感悟,让读者能够秒懂这本书到底在说什么。思来想去,找到一句话,那就是:

静下来,是成功的第一步!

这句话包含两个重要的命题:①什么是成功,如何定义成功;②怎样才算静下来。这也是本书和广大读者探讨的核心议题。

这个时代,人人都在追求成功,但成功到底是什么?成功的标准是什么?这是个方向问题,方向错误,误入歧途,跑得再快,只会在偏离大道上一路飞驰,最终进入难以为继的"死地"。

成功是有房有车有存款吗?成功是功成名就吗?成功是拥有多大权力吗?成功是拥有千万流量吗?成功是竞争中胜出甚至没有对手吗?成功是让别人羡慕嫉妒恨吗?每个人都有自己心中的一个标准。但这个标准可能是妄念,追求妄念就是妄为。老子一直在告诫我们,不要有妄念、执念,不要去妄为,因为"为者败之,执者失之"。那样的结果只有失败。回头想一想,自己在过去十余年不断追求专业、能力,认为成功就是够专业、够有能力,进而能在竞争中取胜,这也是一种自我设定的妄念、执念。

在老子眼里,成功是什么?是"深根固柢""长生久视",是像一颗大树一样根系发达、枝繁叶茂、绿树长青,就是我们常说的基业长青。根基牢固,根深蒂固,才能生命之树常青。"深根固柢"就是老子所说的"不失其所者久",始终不离开自己赖以生存的根据地。"长生久视"就是老子所说的"死而不亡者寿",即使肉体死了精神却能永存。简言之,老子说的"成功"就是有自己牢不可破的根据地,有自己得以传承的思想、精神。

如果以这个标准评判世人,有几个可以称得上成功呢?有多少人是在不停地找风口、找趋势、换行业?有多少人死后可以传承自己的思想、精神?有多少人还没有死就已没有了自己的思想、精神?如同现代诗人臧克家在纪念鲁迅逝世十三周年所作的《有的人》中所说:"有的人活着他已经死了;有的人死了他还活着。"现代商业社会,有多少人追逐私利,金钱至上,什么赚钱快就做什么,没有自己的根据地,更没有自己的思想、精神,活着就如同死去。

以这个标准来回看、检视,有一个人和一个家族算是"成功"的典范。

这一个人,就是在本书中花了一个章节介绍的苏轼。苏轼人生不断遭受挫折打压,但他对生活、对百姓的热爱不变,他天真、刚正不阿的性格不变,这就是苏轼自己的根据地。这催生了苏轼大量的诗词名篇流传于世,也是苏轼影响力穿越千年而不减的根本所在。

这一个家族,就是我有幸参与编写的《怀山堂文化传承与怀药非遗技艺创新》一书中重点介绍的河洛康家。河洛康家,被誉为康百万,康百万庄园大门上的一幅楹联对这个家族的描述最为贴切,即"富甲神州帆影物流三千里,德崇河洛光风霁月四百年"。真正让家族不断壮大、传承400余年的是里面的镇馆之宝"留余"匾。"留余"祖训是康百万家族代代相传的文化基因,也是家族留给世人的精神财富。源于河洛康家的怀山堂,又凭着"留余"精神传承249年,坚守在怀药之乡,坚持匠心做怀药,从新鲜山药到山药粉,再到围绕全生命周期健康的专业山药食养健康解决方案,在自己的根据地上深耕劳作,也让"留余"精神开出时代之花,提出"遵岐黄上工之道,敬道地物种之美,察百年传承之变,循四季食养之法"。一种文化、精神,是一个家族基业常青、永续经营的根本所在,也是家族传承的最大财富。

"基业常青"的前提是你得有基业,就是找到自己安身立命之地,有自己初心不改、匠心不变、深耕不辍的根据地。"基业"就是要善待自己所从事的事业,不能天天想着换来换去，就是要能够"静"下来，不随波逐流。

要想做到"静"，就要：

做到无妄念、不妄为，多从自然大道看问题，不要凭着个人性子肆意妄为。

做到"不欲盈"，不要追求完美、极致，就像河洛康家的祖训"留余"，凡事不可做绝、做尽。因为所谓的"完美、极致"一方面往往是一种私心妄念，自然大道就不是完美的，另一方面"完美、极致"往往从比较中来，都是相对的，追求"完美、极致"就是一种超越心、争胜心，要么胜过凡人、大多数人，要么追求前无古人、后无来者，胜过前人和后人，但不管怎样，只要有争胜，就违背了自然大道。

做到"欲不欲""不贵难得之货"，不要被世俗欲望、潮流所左右，要经得住诱惑，扛得住压力，风吹不动，雨打不动。

简而言之，"静"就是解除自己的私心杂念，解除自己的竞争心、争斗心，解除外部世俗观念的侵扰。

回想一下我之前十余年的从业经历，虽然都是按照自己的规划来一步步走，但自己的规划其实就是自己的妄念，是自己的想当然，这种想当然往往是与自然大道相偏离的。为了个人更好地发展而一味换工作、换行业，是没有做到"静"，没有找到可以安身立命的根据地，没有认清什么是自己的基业。

一定还有很多人在努力奋斗、不断提升自己，为自己规划更加美好的未来。我想送给读者朋友们几个问题，作为我序言的结尾，希望能引起思考，也希望广大读者在读完此书后能有自己新的思考。

自己的规划是一种妄念吗？

自己的基业是什么？

自己能不惧压力、不怕风险、不为诱惑所动吗？

自己在和自己较劲吗？

自己在和别人竞争吗？

自己离老子所说的"成功"还有多远？

郭新亚

2022 年 5 月 22 日于郑州

目　录CONTENTS

第 1 章

35 岁以后的人生,到底怎么了?

35 岁之后,真的很讨人嫌吗?

35 岁,真的是职场"生死线"吗?

为什么有的人会在 35 岁迎来高光时刻?

35 岁之后,赛道换了吗?

35 岁之后,我们该拼什么?

第一节　是危机时刻还是高光时刻?

近年来,"35岁现象"逐渐成为社会热议的话题,甚至引起了官方媒体的关注。2019年12月20日,《人民日报》09版发表文章《用发展眼光看"35岁现象"》,文章指出:

35岁竟成职场老人,一过了35岁似乎就很讨人嫌……在当前激烈的就业竞争环境之下,一种日益突出的"35岁现象"引发网友热议,不仅公务员招考年龄要求35岁以下,很多企业也将进人的门槛限定在35岁,35岁俨然成为职场"生死线"。

2020年9月30日,人民日报社主管的思想理论门户网站人民论坛发表文章《"35岁现象"的成因分析及应对策略》,文章指出:

"35岁现象"不仅有"35岁危机"一面,还有"35岁成功"一面。

…… ……

很多单位的领导者或者人力资源管理部门的负责人都明确表示,对于基层普通岗位而言,受家庭、身体、思维等诸多因素的影响,35岁以上的求职者不仅对岗位、技术以及企业文化的适应能力低,而且活力、热情以及效率也相对不足。因此,用人单位更偏爱35岁以下的精力旺盛的年轻人。

…… ……

事实上,一个人学业有成进入职场一般都在20岁左右。而在不到40年的职场生涯中,35岁是引人瞩目的分水岭,一部分人升职升薪成为单位的骨干或者核心员工,另一部分人却是上不去也下不来。对于升职和跳槽都基本无望的员工来说,35岁是难以逾越的危急时刻。当然,并不是所有人到了35岁都面临危机。对于奋斗者来说,35 岁也可能意味着成功和机遇。2020 年 1 月 10 日,2019 年度国家科学技术奖励大会在北京人民大会堂隆重举行。据统计,国家自然科学奖获奖成果完成人平均年龄为 44.6 岁,第一完成人平均年龄为 52.5 岁,分别比 2018 年下降了 2 岁和 2.6 岁,超过 60% 的完成人是年龄不足 45 岁的青年才俊,最年轻团队的平均年龄只有 35 岁。由此可以看出,青年人才已经成为基础研究领域的生力军。

35 岁之后,要么在职场中屡屡碰壁,要么在奋进中享受成功和机遇。

35 岁,也许是一个人生的分水岭,可能之前顺风顺水,之后却危机四伏。

35 岁时的任正非,可能还在回味前一年参加 1978 年全国第一届科学大会的喜悦,等待他的是后面传奇的人生。

35 岁的雷军,荣登"2004 年中国 IT 风云人物榜"以及入选"影响中国软件开发的 20 人"。在 35 岁之前,他不但是中国最早的 IT 创业者之一,还是中关村发展历史的亲历者、见证者。35 岁的雷军开始反思,自己在 1988 年就创立的金山,被晚成立十年的阿里超越,引发了著名的自省之问:"是马云比我聪明 1 万倍,还是说我不够勤奋?"找寻问题的根本,最后发现真正的问题只有一个——(在趋势来临时)没有做到顺势而为。

2014 年,35 岁的王兴,表示美团永远离破产只有 6 个月的时间。这一年,百度宣布全资收购糯米网,李彦宏还表示要在 O2O 上投入 200 亿元。几乎同时,腾讯宣布战略投资大众点评,并占股 20%。在 BAT 中,除了阿里是美团的股东外,另外两家通过分别投资糯米网和大众点评,变成了美团的敌人。万达也开始推进自己的 O2O 项目。这一年,王兴不是觉得胜利在望,而是看到了狼烟四起、危机重重。

张一鸣的 35 岁,也不是一帆风顺。这一年,他遭遇了三道难关,其中最大的难关也许就来自他"算法没有价值观"的技术观点。相关部门要求互联网应用商店暂停"今日头条"等新闻资讯类 APP 下载服务 3 周。第二道关,是陷入了一场与巨头腾讯有关的战争——"头腾大战",从口水仗到"弹窗事件",不断升级,到最后诉诸法律、对簿公堂。第三道关是营收。2018 年公司营收首次没有超过预期。在 2021 年 3 月字节跳动 9 周年年会上,张一鸣发表了题为《外部波澜起伏,内心平静如常》的演讲。演讲的关键词是"平常心",并且希望员工"好好吃饭,好好睡觉"。

由此可见,35 岁是人生重要的关口。职业生涯上容易遭遇困境,创业道路上危机四伏。顺利度过,就是柳暗花明,成就一番事业;徘徊不前,人生的黄金时间也许就在挣扎中度过,甚至可能一蹶不振。

第二节　危机与机遇并存

35 岁之后,为什么是大部分人的危机时刻,却是少部分人的高光时刻?

是什么带来了危机,又是什么在创造着成功?

是谁在塑造着 35 岁之后不同的人生风景?

35 岁后的人生,到底发生了怎样的变化?

虽然,在人的一生中,危机与机遇始终并存,但在 35 岁这一人生节点,危机和机遇有着特殊的含义。35 岁,是人生的关键节点,在人生上半场和下半场的转承启合之间,一场影响深远的变化正在悄然逼近,尤其是在快节奏、高竞争的现代社会,这种变化会变得更加尖锐、深刻。如果能快速调整自己,主动适应变化,就会迎来机遇,如果发觉不到变化,或者被动适应变化,就会遭遇危机,这个人生"节点"就会变成"劫点"。

曲黎敏在《曲黎敏精讲〈黄帝内经〉一》中谈到"食饮有节"时说,"节"就是指"竹节"。所谓"节",都是气机转换处。我们说两人有矛盾叫"过节",就是难通融之意。说"过节日",古代的节日都是跟阴阳、节气密切相关,在气机转换时要小心,所以叫"过节日"。过节要放假,就是要休息,把难过的节点度过去。①

从这个意义上说,35 岁是人生的关键节点,也是人生的阴阳气机转换之处,需要给自己放假,休养身心,把这个人生最大的"节"好好度过去,让危机变成机遇,从困境走向巅峰。35 岁的人生往往面临着以下考验。

一、身体机能开始减退,拼不起了!

《黄帝内经·上古天真论》里提到过一个很重要的理论,叫作"女七男八"。意思就是女子的生命节律跟七有关,而男子的生命节律跟八有关。其中,女人 28 岁(四七)、男人 32 岁(四八)达到身体机能的巅峰时期,这一时期肾气平均身体盛壮,然后到女人 35 岁(五七)、男人 40 岁(五八)出现肾气衰发堕齿槁,之后身体步入衰退期,五脏六腑的功能及整个精力状态出现衰减(图 1-1)。

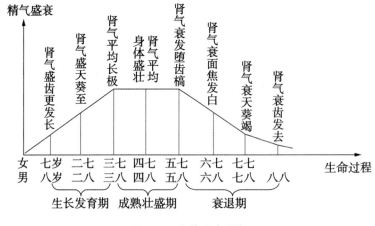

图 1-1　人体生命周期

按照传统中医理论,35 岁以后,身体不允许我们再像之前那样加班熬夜。一方面,身体过度劳累会让人不在状态,工作效率降低。另一方面,加班熬夜之后,要想恢复到正常状态,也需要更长的时间,或者说之后的更长时间内整个人

----

① 曲黎敏:《曲黎敏精讲〈黄帝内经〉一》,天津出版传媒集团,2019 年版,第 39-40 页。

的精力都不是很好,工作效率也不会很高。

因此,如果一个人在35岁以后,没有更高维度的提升,比如从学习力到执行力再到管理能力、领导能力的进阶,或者在专业层面的精进、突破,在没有自身能力大幅提升的情况下,身体机能减退,工作效率下降,单位时间内创作的价值变小,从而在整个职场中的竞争力就会下降。

二、角色增多、责任变大,时间不够了!

关于35岁现象,对外经贸大学教授廉思在其著作《思行者》给出了另外一种解释:一个人在35岁之前,可以把全部时间投入到无尽的事业里面去,他的所有时间都可以拿来卖掉,是时间的批发者。过了35岁之后,一个人要结婚、生孩子,父母老了他要照顾,结果就是大量的时间不能商品化了。孩子小的要操心吃喝拉撒、衣食住行问题,孩子大了要操心教育上学问题,老人生病住院需要照顾,亲朋好友结婚需要参加,各种事情把原来大量、整块的时间撕扯得粉碎。从一个单纯的人变成了家庭人、社会关系人,承担的社会责任不允许再像以前那样自己吃饱全家不饿了(图1-2)。

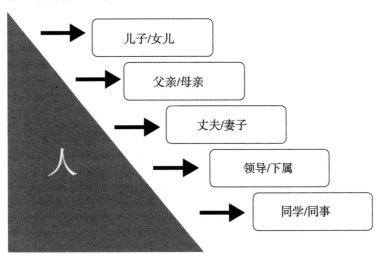

图1-2　35岁之后人的多重角色

因此,他可以用来商品化的时间骤减,从时间的批发者变成了时间的零售者,甚至有时候时间会变得支离破碎。而作为一个企业,市场竞争主体,需要不同人之间的高度组织协同,不可能让一个人的事情打乱整个组织工作的计划。因此,他开始面临一个巨大的潜在风险,即被现代化社会组织驱逐出去的风险(图1-3)。

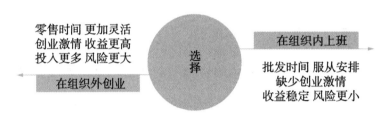

图1-3　35岁后的人生抉择

时间是最宝贵的稀缺资源。每个人的时间,总量都难以超过百年,真正属于自己、能用来创造价值的时间,不过三四十年,扣除掉迷茫探索期,真正为自己的梦想奋斗的时间更短,甚至有很多人一生都没有找到自己的安身立命之地,勤勤恳恳地工作,忙忙碌碌地生活,到头来发现,却是一场空,没有任何东西是属于自己的。

因此,我们说,时间是最大的成本。用于人生重大决策的时间是短暂的,但对人生的耗费却是巨大的,这种决策成本、机会成本,高得让我们难以承受。

时间也是刚性的。不仅总量有限,属于每个阶段的时间有限,到了一定年龄就要扮演自己的角色,承担自己的责任。成家立业,娶妻生子,养护子女、孝敬老人,人生的规定动作就要在规定时间内完成。很少有人能做到特立独行,完全跳出正常的社会组织系统。

但每个人的时间有限,难以满足现代化组织对个人时间、精力的需求。高度发达的文明、高度竞争的社会、高度分工的组织形式,让任何组织或个人都生活在一个巨大的网络系统之中,都要为这个系统贡献更多的时间和精力。这种个人与组织、与社会系统的矛盾,会越来越尖锐。就像一部手机,操作系统不断升级迭代,应用程序不断增多,再大的空间都会显得不够,再强的处理系统最终都会超载甚至崩溃。

三、被世俗物欲遮蔽，真心不见了！

《大学》开篇第一句话就是"大学之道，在明明德，在亲民，在止于至善"。"明明德"三个字，是整篇《大学》的灵魂，是几千年来中国人修身养性的座右铭。

《说文解字》："明，照也。"

《左传·昭公二十八年》："照临四方曰明。"

《国语·周语》："明，精白也。"

《尚书·洪范》："视曰明。"

《诗经·小雅·大东》："东有启明。"

"明明德"，第一个明是动词，是彰明、弘扬、照亮的意思；第二个"明"是形容词，意为"光明的，像东方启明星一样具有指引性的"。"明明德"，就是说人要弘扬内心善良、光明的德性。

亚圣孟子说："恻隐之心，仁之端也；羞恶之心，义之端也；辞让之心，礼之端也；是非之心，智之端也。"孟子认为，这四端与生俱来，如同人有四肢一样，是天赋的。人之所以异于禽兽，就在于有这四端。这四端是善的本性，需要不断将其发扬光大。为什么需要不断擦亮并发扬光大？因为后世世俗物欲，会不断把人天赋的善蒙蔽，就像镜子上落了厚厚的灰尘，需要不断地擦拭。如同唐代高僧神秀所说："身是菩提树，心如明镜台。时时勤拂拭，勿使惹尘埃。"人的心灵就像一座明亮的台镜，要时时不断地将它掸拂擦拭，不让它被尘垢污染障蔽了光明的本性。

现代社会，一个人到了35岁，经过10年左右的社会熏陶，面对复杂多变、竞争激烈的生存环境，没有了孩童时期的纯真，也没有了刚毕业时的梦想和激情，学会了世俗的人情世故，承受着更大的生存压力，往往会少了恻隐心、羞恶心、辞让心和是非心，多了功利心、攀比心、竞争心和虚伪心，整个人变得油腻起来。

因此，太多的人到了这个年龄，见不到自己的本心，看不到人生的使命与责任,只看到眼前的利益,干事创业的动力不足,人的创造力就会受到影响。这也是出现发展困境的重要原因。

35 岁之后,人生的路上面临三条枷锁:身体枷锁、时间枷锁和欲望枷锁。最大也是最难以解除的枷锁,是欲望。我们被欲望系统锁死却不自知,或者知道也难以自拔,只有顺着欲望设定的轨道走下去,前面是煎熬、痛苦,或者悬崖,但我们很难改变(图1-4)。

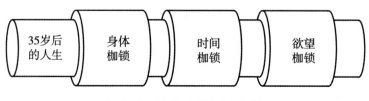

图1-4　35 岁以后的人生枷锁

很难改变,不代表不能改变。认识 35 岁后的人生,是改变的第一步。认识之后,自然会去寻找解决之道。

第三节　坦然面对 35 岁后的人生

35 岁之后,人生的赛道换了。身体拼不起了,不能再像之前那样加班熬夜了。时间不够了,照顾孩子,陪伴老人,需要将更多的时间留给家庭。

35 岁之后,拼的是思维方式,拼的是思想、阅历,拼的是人生智慧。

有一个 NLP 思维逻辑层次模型,对 35 岁后的人生很有启发意义。

NLP 思维逻辑层次也称理解层次,早期被称为 Neuro-Logical Levels,最初由格雷戈里·贝特森(Gregory Bateson)发展出来,后由罗伯特·迪尔茨(Robert Dilts)整理,在 1991 年推出。理解层次是一套模式(pattern),可以用来解释社会上出现的很多事情。

NLP 思维逻辑层次把思维或理解分为六个层级,从低到高依次为环境、行为、能力、价值、身份、精神(图1-5)。

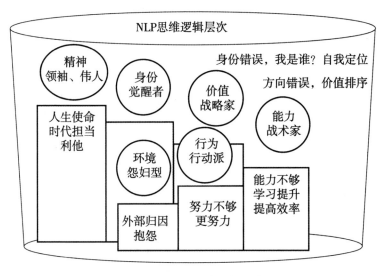

图1-5　NLP 思维逻辑层次

1.环境

把问题归结为"环境"问题。"环境"包括所有自身以外的因素,即外界的条件,包括其他的人、事、物、时间、地域、地位、金钱等。进行外部归因,要么抱怨环境不好,要么存在投机心理,盯着风吹草动。

2.行为

把问题归结为努力不够。不向环境妥协,相信爱拼才会赢,自己只要足够努力,就会成功。常说的话是:今天工作不努力,明天努力找工作。

3.能力

把问题归结成能力不足,因此会在能力这个层次去寻找更好的方法来解决问题。这一思维层次的人,有非常强大的学习能力和应用能力,能把学习到的知识转化为可操作的方法,非常注重自我的提升。

4.价值

经常说选择大于努力,方向不对再努力都是白费。经常思考的问题是:什么才是对的事情,为什么做(或不做)这件事,有什么意义?做成这件事对我有什么好处?最终我们会形成自己的价值排序,也就是价值观。

5. 身份

经常思考我是谁,该成为一个怎么样的人。把自己定义成不同的身份,价值观的选择就会完全不同。身份和角色是不同的。角色是被动的,是别人给你的,身份是主动的,是你自己想成为的,你可能有很多角色,但是你只有一个自己想成为的身份。每个身份都对应着一套选择体系。要想获得一个更主动的人生,就要找到自己想成为的身份,并据此选择、取舍。

6. 精神

经常思考与世界的关系,也就是人生使命,你来到这个世界是为了什么? 你能为别人、为社会、为整个人类带来什么? 这个世界会因为你而有什么不同?

理解层次的逐级上升,不能脱离低层次而单独存在高层次,不然就是空中楼阁,变得不切实际,这里的精神就会变成一种情怀了。精神层次一定要有身份层次的支撑。

当然,并不是所有人都按照这个思维逻辑层次模型来一步一个台阶,去提升自己的认知思维。有些人也许一开始就具备较高层次的思维能力,比如一些先哲圣贤,从一开始就在思考自己是谁,自己要如何在世界立足。也有人从小就有远大志向,12 岁的周恩来就立志"为了中华民族之崛起","腾飞于世界"而读书。但也有人始终在较低的思维层次徘徊,甚至终老一生也不曾认真思考过自己的价值与使命。

对于大多数人而言,到了 35 岁,已经熟悉并适应了外部环境,知识和能力也达到一定高度。需要做的是,面对着多变的环境和所谓的"风口",要找到不变的东西,比如人生使命、身份定位,并形成自己的价值体系,明白在有限的时间、资源范围内,哪些是需要一直做的,哪些是阶段性做的,哪些是不能做的,哪些是自己做的,哪些是需要他人帮你做的。这里面,既有哲学的追问,又有人生的思考,也有理性的判断,还有个人的情感好恶。

35 岁之后,如果不搞清楚自己的人生使命、身份定位,不明确自己的价值观和价值体系,那么困境就会成为常态,"躺平"就会变成无奈。

第 2 章

理解《道德经》

如何让自己的思维升级？如何站在更高维度看待人生？

35 岁之后,我们可以从传统文化中得到什么？文化的本质是什么？

为什么人类的发展最终依靠文化的演化？

为什么说《道德经》具有承前启后的枢纽地位？

第一节　关于文化

人类的发展,离不开文明与文化的双轮驱动。文明与文化,就像阴与阳,你中有我,我中有你,互相转化,互相成就。人类的文化,是人类成千上万年实践、算法的结晶,也为人生提供了丰富的滋养。

一、对文化的不同解读

1. 文化由共同的虚构故事构成

尤瓦尔·赫拉利在《人类简史》中说:"人类语言最独特的功能,并不在于能够传达关于人或狮子的信息,而是能够传达关于一些根本不存在的事物的信息","'讨论虚构的故事'正是智人语言最独特的功能","'虚构'这件事的重点不只在于让人类能够拥有想象,更重要的是可以'一起'想象,编织出种种共同的虚构故事","甚至连现代所谓的国家其实也是种想象","这样的虚构故事赋予智人前所未有的能力,让我们得以集结大批人力、灵活合作","智人发明了许许多多的想象现实,因而也发展出许许多多的行为模式,而这正是我们所谓'文化'的主要成分","自从认知革命之后,智人就能依据不断变化的需求迅速调整行为。这等于开启了一条采用'文化演化'的快速道路,而不再停留在'基因演化'这条总是堵车的道路上。走上这条快速道路之后,智人合作的能力一日千里,很快就远远甩掉了其他所有人类和动物物种"。①

尤瓦尔·赫拉利认为,人类的文化,就是由一个个虚拟的故事组成。正是虚拟的故事,让更多的人走在一起,相互协作,协作的规模越来越大。赫拉利把语言称为人类的认知革命,把文化称为虚拟的故事,正是语言和文化,让人在进化

---

① ［以色列］尤瓦尔·赫拉利著,林俊宏译:《人类简史》,中信出版集团,2017年版,第23、31、35页。

中拉大了与其他动物之间的距离。人类在与动物共有的基因演化基础上，又多了独有的文化演化，靠着文化演化，人类的演化快速迭代升级，并把其他动物远远地甩在了身后。

2. 文化就是智质的性状化表达，是人类社会结构系统中的信息子系统

王东岳在《物演通论》中提出，文化就是人类社会结构系统的信息子系统。

文化——就是智质的性状化表达。它有广义和狭义两种概念外延：广义地讲，它与"文明"一词没有分别，即它所涵盖的是整个自然衍存区间晚近代偿阶段的人类实存状态或"社会结构状态"；狭义地讲，它仅指智质感应属性尚未实现为物化性状以先的虚存状态或"精神预应状态"。[因此，广义的文化或"文明"即成为智质生物展开为晚级社会存在的总体代名词，而狭义的文明或"文化"却成为人类社会结构系统中之信息子系统的具体专用语。]

智质的"性状化实现"使智质及其载体残化，从而也使晚级社会的结构演化进程得以展开，这个实现过程既是狭义的文化过程，也是广义的文化产物。换一个较为细致的表述方式，即是说，由于智质属性本身就是物演分化或曰"物存条件化"的感应代偿产物——亦即随着自然依存条件的繁化而不得不繁华起来的信息整合属性——所以，文化活动不外表现为面对信息增量的信息处理过程。①

3. 文化是一种生态共同体并创建集体人格

余秋雨在《何谓文化》一书中，将"文化"定义为：

文化，是一种包含精神价值和生活方式的生态共同体。它通过积累和引导，创建集体人格。②

---

① 王东岳：《物演通论》，中信出版集团，2015 年版，第 388-389 页。
② 余秋雨：《何谓文化》，长江出版传媒、长江文艺出版社，2012 年版，第 6 页。

将"文化"的外在表现形式"文明",界定为:

文明之所以称为"文明",互相之间一定有共同的前提、共同的默契、共同的底线、共同的防范、共同的灾难、共同的敌人。①

特定的文化,一定是在特定的共同生存体或者生存环境中形成的。文化,又在强化着共同体体现出来的共同特性。

随着信息技术的日新月异,现代交通的飞速发展,国际分工与贸易的不断增强,整个地球已经变成了地球村,不同地方的人们,再也不会像过去那样处于分散、独立的状态,已经不可逆的成为一个整体,不同地方的人们也可以你中有我、我中有你,命运息息相关,彼此互相影响,人类已经成为事实上的共同体。

但人类的共同体目前还只是在物质层面、表象层面,在文化上,还没有深度融合,甚至存在明显的冲突。人在一起,心还不齐。人类共同体,物质的、自发的层面已经建立,下一步需要在文化、心理上建立共同体,心往一处想,劲往一处使,紧密团结,共同解决发展、环境的难题,共同为人类谋福利、做贡献,以文化的共同体推动经济、生态等的共同体,最终让现有的人类共同体发展成为紧密团结、休戚与共、心心相映又紧密联系的命运共同体。

思维导图

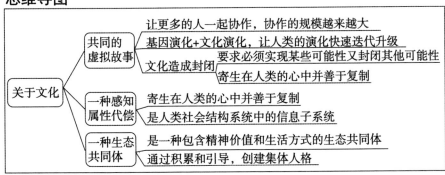

---

① 余秋雨:《何谓文化》,长江出版传媒、长江文艺出版社,2012年版,第47页。

二、文化的特征或功能

尤瓦尔·赫拉利说"天生带来允许,文化造成封闭"。他认为:

天生自然的生物学,可能性几乎无穷无尽。然而,文化却要求必须实现某些可能性,而又封闭了其他可能性。例如女性天生能生小孩,但在某些文化里,女性却是非生不可。生物学上,男人就是能从彼此身上得到性愉悦,但某些文化却极力阻止他们实现这种可能。文化总会说,它只是禁止"不自然的事"。但从生物学的角度来看,这世界上根本没有什么是不自然的。①

他进一步解释道:

至于文化,其实也是以这种形式寄生在人类的心中。它们从一个宿主传播到另一个宿主,有时候让宿主变得衰弱,有时候甚至让宿主丧命。任何一个文化概念(像是基督教在天上的天堂),都可能让某个人毕生致力于传播这种想法,甚至为此牺牲生命。于是,人类死亡了,但想法持续传播。根据这种说法,文化并不是某些人为了剥削他人而设计出的阴谋,而是因为种种机缘巧合所出现的心理寄生虫,从出现之后就开始剥削所有受到感染的人。

这种说法有时称为"迷因学"(memetics)。迷因学假设,就像是生物演化是基于"基因"这种有机信息单位的复制,文化演化则是基于"迷因"(meme)这种文化信息单位的复制。而所谓成功的文化,就是特别善于复制其迷因,而丝毫不论这对于其人类宿主的成本或利益。②

---

① 〔以色列〕尤瓦尔·赫拉利著,林俊宏译:《人类简史》,中信出版集团,2017 年版,第 141–142 页。

② 〔以色列〕尤瓦尔·赫拉利著,林俊宏译:《人类简史》,中信出版集团,2017 年版,第 228 页。

第二节 《道德经》的文化地位

老子作为中国哲学第一人,《道德经》作为中华哲学思想著作的元典,在构建东方思想精神、创建中华民族集体人格以及打造中华文化共同体等方面具有基础奠基作用,具有承前启后、继往开来的文化枢纽地位。

一、承前:吸取中华原始哲学"易"的思想及上古治国理政智慧

(一) 对"上古三易"做进一步哲学探索和通俗化传播、应用

上古三易,是中国的原始哲学,是中华文化的总源头。诸子百家的创始人是在对上古三易不同解读的基础上"开宗立派"的。《道德经》的根本理论来源也是上古三易。

在距今 6500 前后,中华民族就创造了太极、二仪,就创造了上古三易。对于上古三易,说法不一。据《古三坟书》记载,上古三易,为伏羲连山易、神农归藏易、轩辕乾坤易。《周礼·春官》曰:"大卜掌三易之法:一曰《连山》,二曰《归藏》,三曰《周易》。其经卦皆八,其别卦皆六十有四。"根据《周礼·大卜篇》,"三易"是指上古以来直到周代初期之间的《易经》学术思想,分为《连山易》《归藏易》《周易》。

所谓的"易",有三层含义:变易,指研究的对象是变化、万物演变;不易,是指研究的成果即本质规律,是不变的;简易,是这种本质规律是简单的,是容易被传播和应用的。简言之,"易"就是在各种变化中寻找不变的规律,用简单易行而又不变的规律指导我们应对各种变化。

"易"是中国的原始哲学,从总结原始先民观察世界、理解世界的方式为始,并逐渐发展成为一套成熟的思维模型。"易"的思想包括:

1. 太极

关于太极的含义,有以下几种解释:

一是指宇宙最初浑然一体的元气。唐孔颖达《周易正义》："太极谓天地未分之前,元气混而为一。"

二是以虚无本体为太极,如王弼解释"大衍之数,其一不用",说:"不用而用以之道,非数而数以之成,斯易之太极也。"

三是以阴阳混合未分为太极。周敦颐《太极图说》:"无极而太极,太极动而生阳,动极而静,静而生阴,静极复动,一动一静,互为其根,分阴分阳。两仪立焉。"

四是指"一阴一阳之谓道"。"道"指天道,地道,人道。万事、万物都有两面,并且不断地变化,也有一定的关联。

由此可见,太极包含着以下思维:

(1)万物同理。太极之理涵盖万物。它在天上是天理,在地上是地理,在万物是物理,在医学是医理,在命运是命理,在人伦是伦理……无穷无尽,但其本质是"一"。最后延伸到人心,所谓人同此心,心同此理。本质上是同一观,万事万物具有共通的属性。

(2)万物本源。太极是万物最核心、本质的发源地。阴阳两仪、四象、八卦、六十四卦……都从太极演变而来。本质上是原点观,万事万物都是不断发展变化的,一切变化都是有原点的,要寻找最初的原点。

(3)万物融合。太极是天地、乾坤、刚柔、阴阳等一切相对事物的混合体,可以不断二分,化生万物。但无论经过多少次的二分,其分子永远是太极。所以朱熹说:"在天地言,则天地中有太极;在万物言,则万物中各有太极。"古人把太极化生万物比喻为:"太极如一木生。上分而为枝干,又分而生花生叶,生生不穷。到得成果子,里面又有生生不穷之理,生将出去,又是无限个太极,更无停息。"由此发展出整体观、全局观。

2. 阴阳

阴阳是中国原始哲学的重要组成部分。一生二,二生三,三生万物。"一"是太极,"二"是阴阳,阴阳相冲化生万物。世间万物,皆有阴阳之道。

"阴阳"具体包括以下思维：

（1）统一。阴阳相互依存，没有单独的阴，也没有单独的阳，二者是统一在"太极"这个"一"中的，都无法独立存在。

（2）对立。阴与阳是两种对立相克的属性，互相制约（图2-1）。

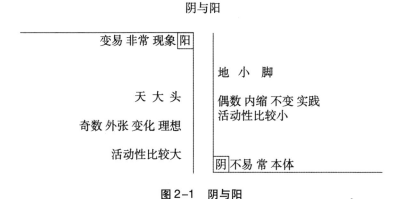

图2-1　阴与阳

（3）互化。阴与阳又存在动态转化关系，此消彼长。为了说明阴阳量的变化，又把阴阳各分为三，这就是三阴三阳。

太阳，"太"即大，阳气的量是三份，《黄帝内经》里称之为"三阳"。

阳明，"明"即显著，阳气的量较少，为二阳。

少阳，少即小，阳气的量最少，是一阳。

太阴，阴气的量有三份，它是三阴。

少阴，阴气的量较少，是二阴。

厥阴，"厥"即尽、极，阴气的量最少，是一阴。

少阴和太阴相比，少阴的阴气量不如太阴大；少阴与厥阴相比，厥阴是阴气少到了极点，阴气少到了尽头，阴气浓缩到精华的地步，所以厥阴就是一阴。这是从三阴三阳的本意讲阴阳气量的多少。

思维导图

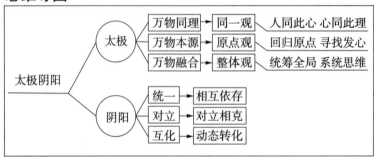

在老子《道德经》中经常见到"易"的身影。比如:第 1 章把"道"描述为"天地之始""万物之母",就是"太极"的本源思想体现;第 2 章说"有无相生,难易相成,长短相较,高下相倾,音声相和,前后相随";第 22 章说"曲则全,枉则直,洼则盈,敝则新,少则得,多则惑";第 40 章说"反者,道之动;弱者,道之用。天下万物生于有,有生于无";等等。全文多次表达阴阳对立、转化的思想。第 42 章直接说"道生一,一生二,二生三,三生万物。万物负阴而抱阳,冲气以为和",完全体现了"易"的太极、阴阳思想。总而言之,《道德经》中对"道"的思考描述,就是"易"中太极思想的体现,同样是在寻求万物的本源、万物的同理。多次出现的逆向思考、相反相成,就是阴阳思想的体现。

可以说,《道德经》是"易"思想的升级版文字表达。一方面,把不变的"简易"上升为永恒且大的"道",并做进一步探索和思考,具有极高的哲学思想高度。另一方面,运用高超的文学手法,通过比喻、类比等,对"易"思想做通俗化解读,让人一看就懂,文学价值极高。第 70 章说"吾言甚易知,甚易行,天下莫能知,莫能行",就是强调自己的表达方式尽可能的简单直白,做到"甚易知",甚至是"天下莫能知"。最后,从"道"到对"道"的应用——德,注重实际应用,统治者怎样做到顺道,"士"怎样顺道,层次分明,步骤清晰,具有较强的劝谏、指导意义。

(二)融入上古治国理政智慧的《金人铭》

《金人铭》是《道德经》的直接理论来源。《汉书·艺文志》有《黄帝铭》六篇,今已亡。据学者考证,《金人铭》为《黄帝铭》六篇之一(王应麟《〈汉书·艺文志〉考》)。《汉书·艺文志》明确"孔子之周,观于太庙右陛之前,有金人焉"。也就是说,金人放置在太庙台阶的右边,这和座右铭的本质一样。《金人铭》用非常形象生动的金人三缄其口的形式来警告世人慎言。慎言,不是不让说话,而是说的是良言警句,是经过思考和推敲的。它把铭文刻在金人背后,可做万世之则。

《金人铭》原文如下:

古之慎言人也,戒之哉!

无多言,多言多败;

无多事,多事多患。

安乐以戒,无行所悔。

勿谓何伤,其祸将长;

勿谓何害,其祸将大;

勿谓何残,其祸将然。

勿谓莫闻,天妖伺人。

荧荧不灭,炎炎奈何;

涓涓不壅,将成江河;

绵绵不绝,将成网罗;

青青不伐,将寻斧柯。

诚不能慎之,祸之根也。

曰是何伤,祸之门也。

强梁者不得其死,好胜者必遇其敌。

盗怨主人,民害其贵。

君子知天下之不可盖也,

故后之下之,使人慕之。

执雌持下,莫能与之争者。

人皆趋彼,我独守此。

众人惑惑,我独不从。

内藏我知,不与人论技。

我虽尊高,人莫害我。

夫江河长百谷者,以其卑下也。

天道无亲,常与善人。

戒之哉!戒之哉!

其中,"无多言,多言多败;无多事,多事多患"与《道德经》"圣人处无为之事,行不言之教"相吻合。"执雌持下,莫能与之争者""夫江河长百谷者,以其卑下也"与《道德经》中的"水善利万物而不争,处众人之所恶,故几于道""夫唯不争,故无尤"相吻合。"荧荧不灭,炎炎奈何;涓涓不壅,将成江河;绵绵不绝,将成网罗;青青不伐,将寻斧柯"体现了《道德经》中"常无,欲以观其妙;常有,欲以观其徼"的见微知著、防患未然的思想。

二、启后:对后世政治、文化、科学、宗教等产生深远影响

老子被称为先秦诸子第一人,《道德经》也被誉为群经之首,老子思想对后世中国人的文化思想产生了深远影响。

老子《道德经》对儒家思想具有较大影响。

孔子曾经面见老子并当面向其请教。孔子见老子的故事,《礼记》《孔子家语》《庄子》等均有记载。儒家的书上都说是问礼,道家的书上都说是问道,双方看重的内容不同,所以对事件的定性也不同。据《史记·老子韩非列传》记载,孔子适周,将问礼于老子。老子曰:"君子得其时则驾,不得其时则蓬累而行。"老子提醒孔子:知道进,还要学会退。知道勇,还要学会怯。知道直行,还要学会迂回。知道坚定,还要学会灵活。孔子深得老子这一思想精髓,并在《论语》中

多次体现，比如，"天下有道则见，无道则隐"，"邦有道则仕，邦无道则可卷而怀之"，"邦有道，危言危行；邦无道，危行言孙"。后来孟子提出的"穷则独善其身，达则兼善天下"，也是这一思想的一脉相传。

另外，老子《道德经》里面直接体现了儒家的核心思想和行为模式。在核心思想方面，《道德经》第58章分析了福祸相依、正复为奇、善复为妖，阴阳是可以相互转化的，然后得出结论"是以圣人方而不割，廉而不刿（guì），直而不肆，光而不耀"。即有道的人处事方正而不显得生硬，虽有棱角也不会伤人，直率而不放肆，明亮而不耀眼。方与割、廉与刿、直与肆、光与耀，好与坏，阴与阳，在这两个极端之间，要找到一个合理的位置，让人感觉好而舒服，如果一味追求方正、明亮，反而会伤人，让人不舒服。儒家很好地继承了这一思想，并把它发扬光大，提出"中庸"思想，并成为国人遵循与推崇的道德标准。在行为模式方面，《道德经》里面提出"修"，要由小到大、不断扩展，要"修之于身""修之于家""修之于乡""修之于国""修之于天下"，这与儒家提出的"修身、齐家、治国、平天下"一致，只是《道德经》里"修"的是天道，如何与道在一起，回归清、静、正，儒家"修"的是人道、是人心，做到正心、诚意、不自欺。

《道德经》的影响也是多方面的，包括政治、文化、科学、宗教等方面。据元朝时的不完全统计，先秦以来，研老注老著作至元朝时就超过三千余种，具有代表性的不少于一千种，从侧面说明了《道德经》的巨大影响。后世也给予高度肯定。

司马谈（史学家司马迁之父）《论六家要旨》说："道家使人精神专一，动合无形，赡足万物。其为术也，因阴阳之大顺，采儒墨之善，撮名法之要，与时迁移，应物变化，立俗施事，无所不宜，指约而易操，事少而功多。"

司马迁《史记》认为："道家无为，又曰无不为，其实易行，其辞难知。其术以虚无为本，以因循为用。无成执，无常形，故能究万物之情。不为物先，不为物后，故能为万物主。有法无法，因时为业，有度无度，因物与合，故曰：圣人不朽，时变是守。虚者道之常也，因者君之纲也，群臣并至，使多明也。"

三国时期的王弼认为:"老子之书,其几乎可一言以蔽之。噫!崇本息末而已矣。"

苏辙说:"言至道无如五千文。"

明太祖说:"朕虽菲材,惟知斯经乃万物之至根,王者之上师,臣民之极宝。"

严复认为:"夫黄老之道,民主之国之所用也。故能'长而不宰'、'无为而无不为'。君主之国,未有能用黄老者也。汉之黄老,貌袭而取之耳。君主之利器,其惟儒术乎!"

林语堂说:"老子的隽语,像粉碎的宝石,不需装饰便可闪耀。"

张岱年说:"中国古典哲学的最高范畴是'道',而'道'的观念是《老子》首先提出的。"

三、《道德经》塑造中华民族集体人格

《道德经》作为承前启后的文化枢纽,不仅在政治、文化、科学、宗教等方面影响深远,还在中华民族的集体人格塑造方面作用重大。

唐玄宗说:"《道德经》其要在乎理身、理国。理国则绝矜尚华薄,以无为不言为教。理身则少私寡欲,以虚心实腹为务。"

宋太宗说:"伯阳五千言,读之甚有益,治身治国,并在其中。"

欧阳修说:"老子为书,其言虽若虚无,而于治人之术至矣。"

魏源认为:"老子之书,上之可以明道,中之可以治身,推之可以治人;《老子》救世之书也。故二章统言宗旨。此遂以太古之治,矫末世之弊。"

鲁迅说:"不读《老子》一书,就不知中国文化,不知人生真谛。"

《道德经》塑造的中华民族集体人格,主要在于:

(1)天人合一、顺道而为的和谐观。

(2)胸怀天下、宠辱不惊的大局观。

(3)反向思维、相反相成的转化观。

(4)清静无为、抱扑见素的朴素观。

（5）从小积累、善建善抱的修身观。

思维导图

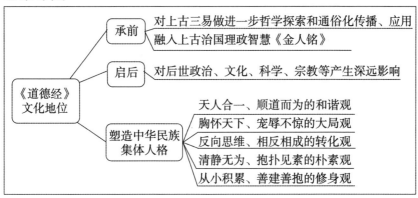

第三节 《道德经》的现世意义

现代社会,已经被文明高度"内卷化"。所谓的"内卷化",就是从行为习惯到思维方式,被一种惯性深深影响甚至裹挟,被一种系统牢牢锁定而难以自拔,要么是乐而不自知,要么是想改变却很难挣脱。工商业文明高度发达的现代社会,我们已经深深地被文明包围了,不知里里外外被包裹了多少层。

现代文明就是一个巨大的生存系统,这个系统由政治、经济、科技、文化等组成。衣食住用行等,日常的所有活动都由这个系统提供服务,也都被这个系统捕获、安排,被社会分工、市场交换、政策干预、文化传播、大数据等技术手段包办。这种高度文明的生态系统,给个人带来的不仅有方便和高效,也有困境和烦恼。

沐浴文明之光却也承受巨大的"文明成本"。人们一方面享受着现代文明所带来的各种便利和快捷,也在承受着不断增大的生存成本和生存压力,比如衣食住行等方面的基本生存成本,以及美食、娱乐、时装服饰、美容保健等各种高端消费的诱惑,还有人情往来、人际关系等方面的支出等。这些巨大的生活成本和消费潮流的影响与诱惑,一方面带来生活压力,引发各种焦虑;另一方面激发出巨大的名利欲望,人们享受着名利带来的虚荣和刺激,也承受着得不到名利时的失落和煎熬。一句话很好地概括了很多现代人的痛苦:贫贱难耐凄凉,富贵难以乐业。社会底层的人,难以承受生活成本和压力。一些处于社会高层的人,依然对名利不满足,求不得,不知足,或者沉醉在名利中却找不到人生的意义。一些处于中间层次的人,则处在痛苦的夹缝中,既感受到压力,也追求着名利,被名利、欲望绑架。

叔本华曾经说:"人生就像钟摆,在痛苦和无聊之中摆荡。"名利无法满足时痛苦,满足时找不到意义又无聊。像钟的摇摆一样,只重复一个左右摇摆的动作,无聊枯燥而乏味,日日夜夜,岁岁年年,循环往复。

是否可以摆脱现代社会的束缚,游离社会系统之外?一般人也难以做到。现代社会的典型特征是,科技迭代速度加快,信息大爆炸,社会分工不断细化,每个人都是社会链条或商业生态系统中的一员,在服务他人的同时也享受着系统的服务。单个人已经很难脱离社会生态系统而独立存在,即使单个人可以在一定阶段大胆尝试,但整个家庭以及社会关系网络已经不可能脱离整个社会系里统。可以说,人人都被高度文明化的社会系统牢牢锁住,脱离了社会文明生态系统,一个人寸步难行。

我们的人生,被现代文明系统锁死了吗?

我们的人生,无法逃脱钟摆一样的命运吗?

我们的一生,只能在痛苦和无聊中煎熬吗?

2500年前,在文明之初,老子就曾苦苦追问,什么才是支配宇宙万物运行的"道"?得"道"真的很难吗?怎样才能得"道"?得"道"了又怎么会失去?伟大的哲学,就是在一个个的问题中产生,哲学的最大命题,就是思考三大问题:我是谁,我从哪里来,要到哪里去。

2500年后,在文明高度发达的今天,我们依然充满疑惑。

为什么文明如此发达,我们却有焦虑和痛苦?

人生到底是什么?属于我们自己吗?

幸福和快乐,真的很难得到吗?

也许暂时没有答案,也许永远也没有标准的答案。但好问题胜过好答案,思考本身就是一种回答。

1000 年前,饱受困境折磨的苏轼,却活出了一个豁达、豪放的人生,其人性的光芒照彻四方、响透古今。

苏轼的一生是高开低走的一生。1056 年,苏轼与父亲苏洵、弟弟苏辙一起从四川眉州老家来到京城开封,几乎整个政坛和文坛深信兄弟俩肯定是朝廷重要的后备干部。连仁宗皇帝见了兄弟二人也高兴地说:"吾为子孙得两宰相。"

之后,熙宁四年(1071 年),苏轼因为反对新法被撵出开封。到了元丰二年(1079 年),43 岁的苏轼陷入了乌台诗案,差点把命都丢了。后来,就是各种被贬谪、颠沛流离,贬黄州、贬惠州、贬海南岛,一路向南,离家越来越远,越来越蛮荒,而此时他已经 60 岁了。高开低走,永无出头之日,是不是一辈子就这样了?人生该有多绝望。

但苏轼没有困在绝望里,而是超越眼前的"苟且",把目光投向了遥远的"远方"——脱离俗世、生生不息的自然大"道"。在苏轼的词里,我们看到"大江东去""一樽还酹江月""明月几时有",通过自己的诗文,苏轼把那些永恒的物象,和短促的生命、瞬间的感受连接起来。放大了尺度,一切悲喜就都看淡了。

就像老子《道德经》所说的,"宠辱若惊,贵大患若身",患得患失,就会宠辱若惊。老子又说:"吾所以有大患者,为吾有身,及吾无身,吾有何患!"如果放大尺度,站在高处俯瞰人生,还会认为那是困境吗?还会被"困境"所困吗?还找不到解困之法吗?真正的困境,是我们把困难放大了,以至于挡住了我们的视线。站在更高维度,打开视线,一切都会迎刃而解。

要搞清楚人生使命、身份定位,树立自己的价值观体系,就必须从道的高度看社会、看人生。站在高处，才能"会当凌绝顶，一览众山小"。站在"道"的高度看社会演化，就会明白是非曲直。站在"道"的角度看人生，就会看清迷局，看小困境，就会与"道"一起，学会"以身为天下"，就会找到"天下"里的自己。

对于现代人而言，可以从老子《道德经》中找到三大"用处"。

1. 哲学之用：打破头脑中的旧世界，建立更加宏大的新世界

老子作为中国哲学第一人、诸子百家第一人，《道德经》作为中国哲学的元典之作，对我们最大的启发就是哲学层面。哲学好像没什么用处，是无用之学，它不同于具体的科学知识或专门技能，它给不了人们谋生的技能或发财的门道。其实，哲学是大用之学，一个人要打破发展瓶颈，实现更高层次的突破，必须重新认识这个世界，在这个新世界中建立自己的价值观和人生意义。否则，只能生活在自己构建的旧世界里，这个旧世界框定了我们的思想边界，形成了一个无形的牢笼。所以有人说，大脑是人最大的监狱。

老子给我们描述的"道"，是超出人的认知范围的，是独立于人的一种客观存在，反复强调的特性就是大，在时间、空间上无限延伸。"道"具体是什么，已经不那么重要了，重要的是让人们认识到头脑中的世界，是自己观念中、认知中的世界，是主观的、局限的，外面的世界很大，是不受人心欲望影响或限制的世界。把人类从自我认知的系统中解放出来，去面向自然而然、客观独立运行的大"道"，和"大道"在一起，这是老子给我们的最大警示。

2. 思维之用：解锁思维定式，升级认知水平

为了做到与"道"一起、顺"道"而行，《道德经》也告诉我们很多的思维方式，比如逆向思维、利他思维、天下观、原点思维等。这些思维方式，都是和我们长期持有的思维定式不同，让我们面对问题时多了思考角度，我们的认知水平由此得以不断提升。

3. 行为之用：帮助建立顺道而行的人生行为模式

《道德经》不仅有哲思深度，更是充满了劝世良言。说"道"是为讲"德"，劝诫、警示才是老子写《道德经》的最终目的。老子希望世人都像上士那样，"闻道"后"勤而行之"。老子在《道德经》中追求的是"言甚易知,甚易行",尽量做到简单易懂、易于执行,但现实却是"知我者希,则我者贵,是以圣人被褐怀玉"。懂他的是稀少,按他说的做的人就会高贵。

在当时看来,老子就像反潮流的怪人,老子自我描述为"俗人昭昭,我独昏昏;俗人察察,我独闷闷""众人皆有以,而我独顽似鄙。我独异于人,而贵食(sì)母"。他的道德论在诸侯纷争的时代洪流面前是那么微弱,却能在后世得以传承并发扬,他提出的行为模式已经成为中华文化的重要基因,在中华民族中代代传承,融入血液,成为日用而不自知的行为习惯。比如无为不争、上善若水、功成身退、宠辱不惊、为腹不为目、见素抱朴等。这些,在现代更具有行为上的指导意义。后文会对此专门论述。

思维导图

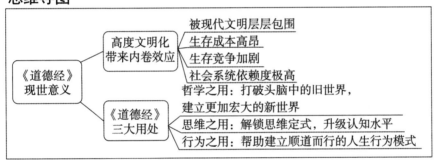

第四节 《道德经》的解读之道

一、《道德经》的难解之处

在《道德经》第70章,老子说"吾言甚易知,甚易行,天下莫能知,莫能行",用来表达"道"的语言是那么通俗易懂,行道是那么的简单易行,普天之下没有人不明白,没有人不能实行,可结果却是"知我者希,则我者贵",了解明白"道"的人是那么稀少,能够遵道而行的人就更少了。

不仅当时是这样,后世 2000 多年以来,也是这样,要么沦为玄学清谈之风,要么给消极避世的人提供理论根据,真正了解《道德经》用意的人少之又少。其原因大致如下。

（一）根本原因：人道与天道的不一致性

《道德经》第 77 章说："天之道,损有余而补不足。人之道则不然,损不足以奉有余。孰能有余以奉天下？唯有道者。"在这里,老子明确提出了人道与天道的背离,在贪欲横行、诸侯纷争的春秋时期,人心不古,世风日下,人道与天道背离更加明显,在这样的社会,你说的"道"与人心不符,说的无欲、无为（妄为）、不争,大多数人认为这就是个笑话,因此"中士闻道,若存若亡；下士闻道,大笑之,不笑不足以为道"。只有"上士"才能"勤而行之",中士半信半疑,下士大笑,是否定、怀疑的笑,是觉得可笑。由此可见,常人一听老子所说的无欲无为,就会从内心里否定、怀疑,就会被自己的认知系统排斥,不会进行深入的思考,也就不会懂了。

老子说的"道"是天道、自然之道,是人类尚未完全脱离动物社会的原始状态,提倡的"小国寡民"社会也是尚未完全脱离动物社会的原始氏族社会。这种对人类文明发展的逆向思维虽然具有很高的哲学高度和警示价值,但却是一般人难以理解接受的。

（二）客观原因："道"本来就是说不明白的

老子可以用尽量通俗易懂的语言写《道德经》,但却不能把"道"讲明白。《道德经》开篇就说"道可道,非常道；名可名,非常名",对此余秋雨先生在《老子通释》给出的翻译是："道,说得明白的,就不是真正的道。名,说得清楚的,就不是真正的名。"余秋雨先生对此进一步解释：

在老子看来,不仅文章的开头说不明白,而且直到文章的结尾也说不明白。

不仅自己说不明白,而且别人也说不明白。不仅现在说不明白,而且永远也说不明白。①

为什么"道"是说不明白的? 因为二者就不在一个维度,不在一个系统。"道"在人类出现之前的亿万年就已经存在并运行着,在人类消亡之后还会运行,它是宇宙万物的共同生存系统。而人类语言,是人类这个在一定时空存在的物种的信息交流系统。二者在时空范围上不是一个量级。就像让蚂蚁来描述人类社会一样。从另一个角度讲,人类的语言来自于人类大脑中的观念认知,语言只能描述人类认识到的东西,如果不存在或已经超出人类认知范围,人类是无法用语言来描述的。

老子自己都说"道"是说不清楚的,说不清的东西别人也就无法完全理解。有深度的"道"说不清,说得清的又没有深度,二者是一个不可调和的矛盾。于是就出现两种倾向:一部分追求玄妙的"道",放大其玄妙、虚无、无为思想,进而发展出玄学和清谈之风。一般人,能理解到的,是浅显的、如何顺道而行的"德",这些虽然通俗易懂,但与人们的既有认知相矛盾的,因此人们就会认为《道德经》不知所云,甚至可笑。

(三)历史原因:有众多版本且存在明显差异

李存山注译《老子》一书,就认为《老子》注本众多。

汉代以后,《老子》一书有众多的注本。据唐末杜光庭《道德真经广圣义》的"序",当时流传的《老子》注本已有六十余种。据《汉书·艺文志》和《隋书·经籍志》,《老子》注本佚失的数量更多。由宋至清,《老子》注本又有大量的增益。我们现在所能看到的《老子》古代注本不下数百种。②

---

① 余秋雨:《老子通释》,北京联合出版公司,2021年版,第5页。
② 李存山注译:《老子》,中州古籍出版社,2019年版,第18-20页。

且在不同版本之间存在明显差异。比如,1973年湖南长沙马王堆三号汉墓出土的帛书甲、乙本,就与传世诸本相比存在以下不同:

(1)传世诸本的"上下篇"是道篇在前,德篇在后,而帛书甲、乙本均是德篇在前,道篇在后。帛书甲本在上下篇之间只有一个分章符号(圆点),乙本在德篇后写有"德三千册一",在道篇后写有"道二千四百廿六"。帛书本的上下篇顺序与《韩非子·解老》的顺序略相合。另外,严遵《老子指归》现存"德经"部分七卷,据其序文《说二经目》所云"上经四十","下经三十有二",也是"德经"在前。

(2)严遵本是按照"阴道八,阳道九,以阴行阳"将《老子》分为"七十有二首",除此之外的传世诸本一般都是分为八十一章,上篇"道经"三十七章,下篇"德经"四十四章(元代吴澄《道德真经注》认为八十一章有不当分而分者,合并为六十八章,上篇三十二章,下篇三十六章)。帛书乙本不分章,是连续抄写。甲本也是连续抄写,但又有十九个分章圆点,其中十三个圆点与诸传本的分章相符,另有六个圆点是点在传世本的某章之内(如在四十六章的"天下无道,戎马生于郊"与"祸莫大于不知足"之间有分章点)。

(3)在帛书甲、乙本中,相当于传世本二十四章的文字是抄在二十二章的文字之前;相当于传世本四十一章的文字是抄在四十章的文字之前;相当于传世本八十章和八十一章的文字是抄在六十七章的文字之前。帛书本的顺序可能比较合理,如四十章与四十二章相连,"天下万物生于有,有生于无"的后面就是"道生一,一生二,二生三,三生万物"。

除了以上三点大的不同外,帛书甲、乙本与传世本相比,字句上也有不少相殊的地方。虽然帛书本也有损掩、脱文、衍误等缺点,但抄写的时间早,"近古必存真,因而较多地保存了《老子》原来的面貌"。用帛书本可以校勘传世本的讹误,这是《老子》研究者的共识,但在是否把帛书本视为"最好的本子",或是否要用帛书本"取代"传世本的问题上,学界存在着分歧,较多研究者所取的态度是

"以帛书为权衡,而不泥古;以各家作参考,而不执一"。①

众多的版本,且不同版本之间在章节划分及次序的不同,更让老子《道德经》被层层的历史迷雾掩盖。我们学习《道德经》,不应被历史的迷雾迷惑,不应该把精力浪费在版本及文字细节的考据上,而是应该更多地领会这一伟大经典的思想精髓以及对现实的启发应用。

(四)《道德经》的文本原因

1. 内容丰富却篇幅短小

《道德经》全文5000多字,内容却极其丰富,既有对"道"的描述,包括"道"的属性特点、表现方式、影响范围、运行方式等,也有对"德"的定义,包括上德、下德、玄德,并提出众多的概念,有无欲、无为、虚、静、弗居、不争、善等,还有对各种社会现象的批判分析,对自我的剖析,对"理想社会"的描述,可谓"有深度、有广度、有温度"。

用极简短的文字,表达极深刻丰富的内容,是极其困难的,这也就造成后世对文本含义的不同解读,《道德经》自老子之后,一时注家蜂起,可谓"仁者见仁,智者见智"。历史上有名的有王弼、苏辙等,亲自为《道德经》作注解的皇帝更是不在少数,如唐玄宗李隆基、宋徽宗赵佶、明太祖朱元璋、清世祖爱新觉罗·福临等,都有御注《道德经》传世。

2. 箴言形式难免思维跳跃

《道德经》81章,每个篇章独立行文,就像座右铭的鼻祖《金人铭》,是一个一个的醒世箴言,虽然每一个都很精彩,但放在一起,整体逻辑稍显混乱,或思维跳跃,难以看清整体脉络。

余秋雨在《老子通释》中也谈到了这一点,比如,在谈到第二十一章时说"做了一番诗情表述之后,老子就要进一步来描述'道'这位虚无缥缈的'母亲'了";

---

① 李存山注译:《老子》,中州古籍出版社,2019年版,第18—20页。

在谈到第二十六章时说"扫描了整体，按照老子的节奏，他又要面对具体了。他像一个音乐指挥，不会在一个音区停留太久。上下高低，频繁变换，每次变换都有推进"。这种节奏切换、内容变换，无疑增加了整体把握其思想脉络的难度。

3. 有思想体系也有诗化表达

老子不仅是一位伟大的思想家，也是一位诗人，经常在《道德经》中诗意大发。余秋雨在《老子通释》中谈到《道德经》第十五章时说："老子在写这一段时诗情突发。那么一些'兮'，正是诗的节奏递送。"在谈到《道德经》第二十章时，余秋雨先生说："想到自己的处境和心境，老子又产生了写诗的意愿。因此，这一章很特别，是他诗化的自述。"①

大量的比喻、舒情等文学手法的运用，增加了《道德经》的感染力和可读性，但在一定程度上影响力整体的逻辑严密性，出现一定的思维跳跃。

二、《道德经》的解读方略

如果按照《道德经》原文逻辑，逐章逐句地研读，即使能够祛除各种杂音发现老子本人的真实写作意图，也难以跳出来看到老子的整体思想脉络，也难以明白老子究竟想告诉我们什么。

那么，我们到底该怎样读懂、用好老子《道德经》？

（一）大尺度下看《道德经》

老子所说的"道"，是"天地之始、万物之母"。我们要读懂《道德经》也要用这样的大尺度，这样方能与老子同频对话。2500 年后的今天，我们需要在文明高度发达的现在去回望人类文明初期的老子思想，站在老子那个时代乃至人类演化中看老子思想。

（二）把握老子思想主旨和结构脉络

老子开篇就告诉我们对待"道"应该"常无欲，以观其妙；常有欲，以观其

---

① 余秋雨：《老子通释》，北京联合出版公司，2021 年版，第 68 页。

徽"。这句话用在学习《道德经》上,再合适不过。

观其妙,就是读透一字一句背后的深刻含义,一个字就可以启发思考,启迪智慧。

观其徽,就是抓住《道德经》全文的表达逻辑,把握其主旨灵魂。文字是思想传播的工具载体,但也会成为思想的屏蔽和限制。这就需要打破文字的屏蔽,发现智慧的力量。

(三)勤而行,建立"道德"之行为模式

《道德经》既是一部思想巨著,思想深远,也是一个修身指南,在行为指导方面比较系统完善。因此,对于《道德经》,既要结合实际悟道,又要坚持不懈行道,悟道才能行道,行道有助于悟道,二者相辅相成,互相促进。

思维导图

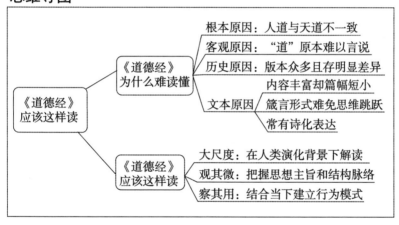

第 3 章

大尺度:天之道与人之道

中国哲学第一人老子,早在 2500 年前农耕文明发展的初期,就站在万物演化及人类发展的角度,给人类制定了一个可持续性发展的方案。

为了让这个方案更完整,我们在展示这个方案之前,为他加一个背景介绍。跳出《道德经》来读《道德经》。到底是在什么样的大背景下,老子提出了道论和德论? 或者说,老子为什么会写《道德经》? 他到底看到了什么?

答案就在《道德经》原文中,也是全文的题眼。第 77 章说:"天之道,损有余而补不足。人之道则不然,损不足以奉有余。"正是看到了人之道与天之道的背离或对抗,老子才给我们论道,让我们顺道,教我们行道,他在反复劝诚人类,要回到"法自然"的大道上,才能实现"长生久视",才能回到清静的天下"正"道。

到底什么是天之道,什么是人之道,人之道为什么最终会与天之道相背离?

第一节 天之道乃万物演化之道

天之道,就是自然之道,是始于人类诞生之前、存于人类之后、不被人类左右的万物演化规律。

人之道,就是人类演化的规律,人类能够快速甩开其他物种的根本力量。

到底宇宙万物是如何一路演化而来的? 适应于万物的演化发展规律又是什么? 人类又是如何诞生的,是怎样一路发展到今天的? 对此,不同历史时期,有不同的认知模型。每一种认知论,都具有历史时代性,与一定的历史发展阶段相适应,随着时代的发展要么被突破、颠覆,要么被容纳、论证。

最新的关于万物演化及人类演化的理论,主要有王东岳的递弱代偿演化论和尤瓦尔·赫拉利的文化基因论。

一、王东岳的递弱代偿演化论

对于存在度在自然存在系统中的分布,王东岳先生认为不外乎有以下五种可能。

(1)紊乱分布。即各存在物的相对稳定性杂乱无序。

(2)均等分布。即各存在物的相对稳定性基本划一。

(3)波动分布。即各存在物的相对稳定性呈现出周期性的波动状态。

(4)趋升分布。即各存在物的相对稳定性在其发生序列上呈递增趋势。譬如达尔文局限于生物系统内观察各物种之间的变异衍生关系所提出的"生物进化论"观点,在其"适者生存"的理念中含蓄着物种存在度或生存度愈来愈强化的倾向。

(5)趋降分布。即各存在物的相对稳定性在其发生序列上呈递减趋势。亦即物存形态的演运过程同时就是一个各级衍存者的存在度逐步递减或趋于弱化的过程。

对此,王东岳先生的看法是最后一种的"趋降分布",即自然存在度在世界流变体系中必然呈现为逐层递弱的分布趋势,其基本态势可以概括为:相对量度递减、相对时度递短、衍存条件递繁、存变速率递增、"自在"存态递失、"自为"存态递强。

王东岳认为:"生物存在作为对理化存在的代偿使之走向物质实存的至弱一级;智质存在作为对体质存在的代偿使之走向属性虚存的至弱一级;社会存在作为对生物存在的代偿使之走向系统结构的至弱一级;这些临末代偿的极端表达终于都体现在人类文明的存在形态之中,于是,文明的浪潮愈逼愈急,人类的生存日渐紧张。"

这种紧张可以被扼要地划分为:①经济与资源范畴的紧张或物欲张力上升(与衍存条件递增律相对应);②文化与信息范畴的紧张或知性张力上升(与衍存感应泛化律相对应);③行为与信仰范畴的紧张或自由张力上升;(与衍存动势自主律相对应);④政治与制度范畴的紧张或社会张力上升(与衍存结构自繁律相对应);⑤环境与人口范畴的紧张或生态张力上升;(与衍存时空递减律相对应)。

"人类"这种自然衍存物的生存紧张与存在自为化的程度成正比。①

人类晚级社会作为生物社会的一个阶段从此骤然升华为生物社会的一个阶段性序列。即是说,社会通过对于人类的智质生存性状的生机性结构重组,其每一个具体社会形态都相当于一次生物变异所致的种群变构甚或生物变种所致的社会跃迁。【从"猿人"的"动物中级社会"→"旧石器人"的"亲缘氏族社会"→"新石器人"的"氏族部落社会"→"青铜器人"的"部落联盟社会"以及"原始奴

---

① 王东岳:《物演通论》,中信出版集团,2015 年版,第 16、21、89 页。

隶社会"→"农业人"的"种族、民族国家社会"或曰"封建专制社会"→"工业化人"的"自由资本主义社会"→"信息化人"的"民主主义社会"→乃至发展到"后现代化人"的某种"后现代社会"而不止。】①

概括而言,王东岳认为,人类社会作为生物社会的一个阶段延续,靠着无形的文化认同与社会形态的演化而快速演进,每一种社会形态以及对应的文化认同,就相当于一次生物变异乃至生物变种所导致的种群变构或社会变迁。因此,人类演化的速度远超过其他物种,短短几千年经历的文化与社会形态演化,相当于走过了其他生物物种几十万年的基因演化进程。

二、尤瓦尔·赫拉利的人类文化演化理论

与王东岳的观点接近,尤瓦尔·赫拉利在《人类简史》中说,生物演化是基于"基因"这种有机信息单位的复制,人类演化则是文化演化,是基于"迷因"这种文化信息单位的复制,这让人类快速演化,很快甩掉其他物种(图3-1)。

图3-1　人类演化的双轮驱动

在《人类简史》中,尤瓦尔·赫拉利指出,语言最大的功能是"讨论虚构的事物",编织出共同的虚构故事,这种故事能够让人大规模地合作,然后"发明出许许多多的想象现实,也因而发展出许许多多的行为模式"。这种共同虚构的"故

---

① 王东岳:《物演通论》,中信出版集团,2015 年版,第 384 页。

事",就是文化。

人类不再停留于"基因演化",而是开启了"文化演化"之路,也是软件升级之路,这让人类得以快速演化发展,迅速超越其他物种。①

第二节　"人之道"缘何背离"天之道"?

如老子所言,"人法地,地法天,天法道,道法自然"。人类,是在天地自然中孕育、出生的婴儿,但与其他物种不同,人类这个自然的婴儿,快速发育成熟、认知(文化)不断升级,力量(文明)不断增大,在自然万物面前越来越自信、自大,从敬畏自然到挑战自然,甚至对抗自然。

"人之道"为什么是"损不足以奉有余"?什么力量在驱使人类不断发展演化的同时却让人类失控逐渐走向"天之道"的反面?

根据王东岳的递弱代偿演化论,"人类"这种自然衍存物的生存紧张与存在自为化的程度成正比,人类生存竞争加剧、行为的自我化是演化规律的体现。人类社会的竞争加剧、压力增大、物欲增强,就是"人之道"的具体体现,人类以自我为中心,按照自我行为行事,是生存演化的必然结果,"人之道"最后与"天之道"相背离,也是演化趋势使然。

尤瓦尔·赫拉利的另一部著作《未来简史》,引用生命科学关于"算法"的观点,也为我们寻找答案提供了一些线索:

算法指的是进行计算、解决问题、做出决定的一套有条理的步骤。算法不是单指某次计算,而是计算时采用的方法。

算法通过自然选择,形成稳定的质量控制。只有正确计算出概率的动物,才

---

① ［以色列］尤瓦尔·赫拉利著,林俊宏译:《人类简史》,中信出版集团,2017年版,第23、31、35页。

能够留下后代。

自然选择进化出喜好和厌恶的反应,作为评估繁衍机会的快速算法。

人类有99%的决定,包括关于配偶、事业和住处的重要抉择,都是由各种进化而来的算法来处理,我们把这些算法称为感觉、情感和欲望。情感并不是神秘的精神现象,而是所有哺乳动物生存和繁衍至为关键的生物算法。

生命科学认为生命就是用来处理数据的,而生物体就是进行运算和做出决定的机器。

在没有文字的社会里,人类通过大脑完成所有计算和决定;而有了文字之后,人类就能组成网络,每个人完成巨大算法里的一个小步骤,而最后的重要决定由整个算法来判断。这正是官僚体系的本质。

随着时间的推移,不仅因为算法变得更聪明,也因为人类逐渐走向专业化,用计算机来取代人类越来越容易。

随着算法将人类挤出就业市场,财富和权力可能会集中在拥有强大算法的极少数精英手中,造成前所未有的社会及政治不平等。

21世纪,科技已经让外部算法有能力"比我更了解我自己"。一旦如此,个人主义就即将崩溃,权威也将个人转向由算法构成的网络。人类不会再认为自己是自主的个体,不再依据自己的期望度日,而是习惯把人类整体看作一种生化机制的集合体,由电子算法网络实时监测和指挥。①

　　整个生物进化系统的核心就是算法。动物的算法是在进化压力下的生存、繁衍式算法。人类社会,除了具有动物性的进化算法,增加了虚拟的文化算法。众多的单个个体算法,通过共同虚拟的故事——文化,组成了巨大的网络系统,这个巨大的网络系统通过国家、法律、金钱等"虚拟故事",对人的控制越来越紧密,这就是官僚体系的本质。从来自自然的进化现实,到巨大网络的虚拟故事,再到统治官僚体系所控制,"人之道"就是这样一步步走入自己的轨道,开始偏离自然大道。

　　未来,有可能是这样的:

　　我们成功地让身体和大脑都升级了,却在过程中失去了心智。科技人文主义到最后可能反而会造成人类的降级。农业革命降低了动物的心理能力,而科技人文主义梦想推动的第二次认知革命,则会可能对人类造成一样的效果,让社会大机器里的"人类小齿轮"沟通和处理数据的效率更高,便几乎不会去注意其他事,不会做梦,也不会怀疑。数百万年来,人类曾经是升级版的黑猩猩。而到了未来,人类则可能变成放大版的蚂蚁。

　　数据主义指出,同样的数学定律同时适用于生化算法及电子算法,于是让两者合而为一,打破了动物和机器之间的隔,并期待电子算法终有一天能够解开甚至超越生化算法。②

---

① 　[以色列]尤瓦尔·赫拉利著、林俊宏译:《未来简史》,中信出版集团,2017 年版,第 75、78、79、105、143、291、292、298 页。
② 　[以色列]尤瓦尔·赫拉利著,林俊宏译:《未来简史》,中信出版集团,2017 年版,第 329-330 页,第 335 页。

第三节 老子之道的玄妙意图

公元前 600 年前后,人类第一茬文明(农牧业文明和古希腊为代表的半农业半工商业文明)成熟定型。在中国,农业文明不断发展成熟。而文明的过程就是不断激发并实现贪欲的过程。人类的贪欲推动文明发展,文明的发展又在更大程度上激发人的欲望,二者相互驱动。

赫拉利在《人类简史》中这样描述农业革命:

农业革命是个转折点,让智人抛下了与自然紧紧相连的共生关系,大步走向贪婪,自外于这个世界。在农业革命之后,人类成了远比过去更以自我为中心的生物,与"自己家"紧密相连,但与周遭其他物种画出界线。农民从一片荒野中,劳心劳力刻意打造出一个专属人类的人工孤岛。人们已经很难离开这些人工岛屿了,房子、田地、谷仓,放弃哪个都会带来重大损失,随着时间过去,他们拥有的越多,也把他们绑得死死的。

农业时代人类的空间缩小了,但时间却变长了。在农业革命之后,"未来"的重要性被提到史上新高。农民不仅时刻想着未来,几乎可以说是为了未来在服务。之所以要担心未来,除了有生产季节周期的因素,还得面对农业根本上的不确定性。由于大多数村落拥有的农作物或家禽家畜物种十分有限,一旦遇上旱灾、洪水和瘟疫就容易灾情惨重。于是,农民不得不生产出多于所需的食物,好储备存粮。

农业革命让人能够开创出拥挤的城市、强大的帝国,接着人类就开始幻想出关于伟大的神灵、祖国、有限公司的故事,好建立必要的社会连接。虽然人类的基因演化仍然一如既往慢如蜗牛,但人类的想象力却是极速奔驰,建立起了地球上前所未有的大型合作网络。①

　　农业革命使人类的生产方式发生根本性变革,人类靠自己的生产劳作来养活自己。文明就是逐渐摆脱原始的、动物般的自然采摘和狩猎,而进入通过劳动生产,自己养活自己。

　　进入农业文明,生产力大大提高,生活资料富裕,人口规模快速膨胀。随着私有制的出现,人的私欲膨胀,国家和法律逐渐定型。文化,这种人造的直觉,对人们的影响或控制更加严密,因此,人类庞大的网络也更加巩固。而文化又掌握在少数人手里,整个国家的算法网络也逐渐脱离自然进化的大道,而为统治者所控制。

　　春秋战国时期,随着铁器的大范围推广应用,农耕文明快速发展,新兴地主阶级出现,井田制瓦解,社会阶层分化,周王室式微,诸侯之间杀伐、兼并不断,人类更贪婪,竞争更惨烈,人心不古,世风日下。

　　老子出身于殷商贵族,世世代代做史官,对上古时期的思想文化有足够的了解,加上自身生相怪异、性格幽闭,看到时代巨变和人类文明背面的残酷,看到了人类文明对自然天道的背离和戕害,通过一系列的思考,给人类敲响警钟。

　　人类之外的世界有多大?

　　人类之前和之后的世界,是怎样运行的? 什么力量在支配这个无限大的世界?

　　背离了"天之道",人类还能"长生久视"吗?

　　人类该怎样做,才是回到自然的正道,才能做到生生不息、长生久视而不会走上死地?

---

　　① ［以色列］尤瓦尔·赫拉利著,林俊宏译:《人类简史》,中信出版集团,2017 年版,第95-99 页。

老子用说不清的"道",意在告诫人类:世界很宏大,人类很渺小,人类只是万物演化的一个阶段,也是万物演化的一个结果。人类不要以为自己在竞争中胜出就可以为所欲为,不要以为力量强大就可以毫无忌惮,不要以为功成名就,就可以一劳永逸!

第 4 章

观其徼:《道德经》的思想脉络

本章,我们打破老子《道德经》原有的章节结构,按照现代人更容易接受理解的方式,以老子给现代人做提案(提报策划方案)的形式,对《道德经》内容主旨进行全新解构。我们会发现,老子不仅有思想的深度,也有思想的系统性、逻辑性,更有落地的行为模型做指导。

一般而言,一个完整的提报方案可以分为下面几个部分:①发现问题——背景及目标;②分析问题——主题及策略;③解决问题——落地执行;④效果预估——达到的预期目标。

我们也按照这个逻辑,来重新整理《道德经》,发现老子思想。

第一节　发现问题——大道废

在老子《道德经》中，也有对当时社会发展背景的描述，而且这个描述是站在"道"的角度，既有高度，也有深度，是点题即发现问题部分。

当时的社会发展背景，可以概括为"大道废"。具体包括以下层面：

一、个人层面

1. 欲望过度以至于走向死地

第50章说："出生入死。生之徒，十有三，死之徒，十有三。人之生，动之于死地，亦十有三。夫何故？以其生生之厚。"

人从生下来一直到死，长寿的有十分之三；短命而亡的有十分之三。生下后本来可以活得长久，但自己走向死路的，也占十分之三。因为求生过度、酒肉餍饱、奉养过厚，让人早早地进入"死地"。因其"求生""贪生"，最后却不能"长生"。这也体现了"反者道之动"思想。

2. 追求捷径以至于大道荒芜

第53章说："大道甚夷，而民好径。朝（cháo）甚除，田甚芜，仓甚虚，服文彩，带利剑，厌饮食，财货有余，是谓盗夸，非道也哉！"

追求短平快，急功近利，偏要舍弃大道而寻觅小路，造成朝廷败坏、农田荒芜、仓库空虚。

3. 虚伪奸诈以至于"六亲不和"

第18章说："慧智出，有大伪；六亲不和，有孝慈。"

随着智慧的开启，人也愈发变得狂妄自大、唯我独尊起来，原本没有的虚伪和奸诈也随之而来，人与人之间的关系也更加紧张。甚至最为亲近的"六亲"（父子、兄弟、夫妇）之间也不再和睦，因此才提倡"孝慈"来约束、规范亲人之间的关系。人类最亲密、最稳固的亲情、情感受到"智巧""大伪"的冲击。

二、社会层面

1. 贫富拉大，关系紧张

统治者"服文彩，带利剑，厌饮食，财货有余，是谓盗夸"，是盗魁贼首。与此同时，"民弥贫""民之饥"，甚至影响"民之生死"，最后出现"民之轻死"。统治者"求生之厚"，导致"民之轻死""民之难治"。贫富程度加剧，阶级矛盾尖锐，社会关系高度紧张。

2. 法令森严，盗贼更多

第57章说："天下多忌讳，而民弥贫；民多利器，国家滋昏；人多伎(jì)巧，奇物滋起；法令滋彰，盗贼多有。"

法律越是森严，触犯法律的人便越多。因为，所谓的法律就是为统治者服务的，统治者为了自己的私利制定法律，就会损害普通老百姓的利益。统治者是最大的盗贼，追求更多的财货，以至于让"民弥贫""民之饥""民之轻死""民不畏死"，连死都不怕了，还怕触犯法律？同时，普通百姓也在有了智力技巧之后，也会追求更多的奉养之资，变得更加虚伪奸诈，甚至至亲都不再和睦，何况去触犯法律。只要有足够大的诱惑，人们就会冒险去做违法的事情。

3. 统治昏乱，秩序瓦解

第18章说"国家昏乱，有忠臣"，第57章说"民多利器，国家滋昏"，第75章说"民之难治，以其上之有为，是以难治"，都在说明统治秩序正在瓦解，国家陷入混乱。

总的来看，人类的生活资料、奉养之资丰厚了，贪欲也膨胀了，贫富差距拉大了，人心不稳了，社会关系紧张了，社会秩序逐渐崩塌瓦解。这都是"大道废"的具体体现，而之所以会"大道废"，根本原因还在于"人之道"与"天之道"分道扬镳，越来越远，最后"法于地""法于自然"的人类逐渐抛弃了自然大道。

思维导图

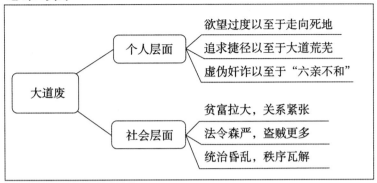

大道废
- 个人层面
  - 欲望过度以至于走向死地
  - 追求捷径以至于大道荒芜
  - 虚伪奸诈以至于"六亲不和"
- 社会层面
  - 贫富拉大，关系紧张
  - 法令森严，盗贼更多
  - 统治昏乱，秩序瓦解

第二节　分析问题——闻道

这部分是分析问题,通过对道的描述,让人们发现、领会那个已经被荒废、偏离的"道",尽管对道的反应可能是勤而行之或半信半疑甚至大笑而去。"闻道",了解领会"道",是基础也是关键。

在甲骨文中,"闻"字像一人跪坐,竖起耳朵,以手附耳,似乎正在聚精会神地听什么东西。人的姿势、面部神态可有差异,但都强调一只耳朵,表明在这个字中,耳朵是最重要的。"闻"与"听"都有用耳感受声音的意思,其不同点是:"听"是主动去听,表示行为;"闻"是听到的消息,表示听的结果。如《礼记·大学》:"视而不见,听而不闻。"其中的"听"就是表示听的行为,"闻"是听到的意思,表示听的结果。

"道"是整个《道德经》中出现频率最多的词之一,是《道德经》的主旨和灵魂,既体现老子的哲思深度,又启迪"德"。只有理解了"道",才能更好地"行道",才能始终和"道"在一起。

那么,到底何谓"道"?

一、"道"的属性

老子所说的"道",具有如下属性特点:

（一）大——无时无处不在

在《道德经》第25章，老子对"道"做出解释："有物混成，先天地生。寂兮寥兮，独立而不改，周行而不殆，可以为天地母。吾不知其名，强字之曰道，强为之名曰大。大曰逝，逝曰远，远曰反。"

大，是"道"的第一大特点。这里的"大"有两层含义：

一是时间上无时无刻。它在天地出现之前已经存在，周行不殆，一刻也不停止。

二是空间上无边无漏。道很大，伸向遥远的地方，以至到达万物的本原。《道德经》第43章"天下之至柔，驰骋天下之至坚，无有入无间"，指出"道"虽然是天下最柔弱的，却可以穿行于天下最坚硬的东西中，能自由穿透任何没有间隙的东西。没有任何东西能阻挡道，没有任何东西不包含道。第73章"天网恢恢，疏而不失"，说"道"无边无际，虽然稀疏却没有漏洞，能覆盖万事万物。

因此，我们常说"大道"，道适用的范围很大，是宇宙（四方上下谓之宇，古往今来谓之宙，所有的空间和时间）范围内的根本法则。

（二）虚——没有形状，不可感知

《道德经》第14章说："绳绳不可名，复归于无物，是谓无状之状，无物之象，是谓惚恍。迎之不见其首，随之不见其后。"老子告诉我们，道没有形状，不是具体的物象，是"惚恍"的，从前方去接近它，看不见它的头；从后面去追赶它，看不见它的尾。总之，道不是实物，不是具体可感的。

（三）隐——在我们身边，隐藏于尘世

《道德经》第4章说："道冲，而用之或不盈。渊兮，似万物之宗。挫其锐，解其纷，和其光，同其尘。湛兮似或存，吾不知谁之子，象帝之先。"道是虚无恍惚的，但道又没有脱离尘世，而是隐藏在尘世，就在我们身边，与光在一起，混迹于细小的尘土。

（四）动——周行不殆，循环往复

道不是静止的，是"周行"也就是循环往复的。"反者，道之动"，道的运动规律就是发展到极限就要走向反面。

（五）负阴抱阳——万物有阴阳且互相转化

万物皆有阴阳，万物都在阴阳激荡作用中存在。《道德经》第42章说："道生一，一生二，二生三，三生万物。万物负阴而抱阳，冲气以为和。"其中，"一"是太极，是最初的原点。"二"是阴阳两面，阴阳共存共生、相互激荡生成新的事物，万物都有阴阳两面，在阴阳的激荡中达成和谐统一。

道本身也有"有无"的阴阳两面。《道德经》第11章说："故有之以为利，无之以为用。""有"就像有形的锋利刀刃，"无"则是刀刃"可以用来切肉"的价值或功能。"有"是事物的物质属性，"无"是事物的功能属性，是其所具有的价值和功效。

老子进一步举例说："三十辐，共一毂，当其无，有车之用。埏埴（shān zhí）以为器，当其无，有器之用。凿户牖（yǒu）以为室，当其无，有室之用。"三十根辐穿在车头，中间必须留出空处，才能装上车轴，使车轮有转动的作用，才能发挥车的功用。踩打泥土做陶器，器皿中间必须留出空处，器皿才能发挥盛放物品的作用。建造房屋，有了门窗，以及四壁中空，房屋才能有居住的作用。这些东西，正是因为"有无""中空"，才能有用，发挥其独特价值。

日本设计大师原研哉曾经说过：我们平常使用的东西实际上只有两件——"碗"和"棍子"。"碗"是指四周围合起来的空间，它通常以承载东西来表明它的属性，比如冰箱、炸弹、锅甚至是书籍。而另一种事物"棍子"，则是指某件事物作用到另外一个事物，它通常以作用到事物之上来表明它的属性，比如拳击手摆动的右臂、射出的弓箭，甚至是我们今天的导弹，这些都属于棍子范畴。我们常说的"器具"二字，也体现了这两类事物的含义。"器"可以视为碗，而"具"则可以看作是棍子。不管是"碗"还是"棍子"，都是有形的物件和无形的属性、功能的统一体。

思维导图

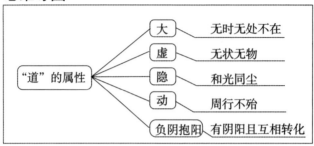

二、"道"的功效

《道德经》最后一章第81章说"天之道,利而不害",就是对"道"所具有的功效的高度概括,即"道"对万事万物只有好处而没有害处。结合前文,可以得出"道"对万事万物具有"三利"和"四不"。

(一)"道"的"三利"

1. 化生万物

"道生一,一生二,二生三,三生万物",道生阴阳,阴阳又化生万物,因此也可以说"道"化生万物。"道"是"天地之始""万物之母"。

2. 成就万物

《道德经》第23章说:"同于道者,道亦乐得之;同于德者,德亦乐得之;同于失者,失亦乐得之。"老子告诫我们,一个人的内心修养、行为方式与他的外在境遇是相应的,他对自然之道领悟到什么程度,自然之道就会给他什么程度的回报。

道如何滋养成就万物?《道德经》第32章说:"天地相合以降甘露,民莫之令而自均。"天地间阴阳之气相合,就会降下甘露来润泽万物,人们不须指使命令它,它就能自然分布均匀,使万物得以雨露均沾。

3. 护佑万物

《道德经》第51章说:"故道生之,德畜之。长之、育之、亭之、毒之、养之、覆之。"（"亭之"，又为"成之"，"毒之"又为"熟之"，"覆之"又为"护之"。）

道生成了万物，德养育了万物，使万物生长、发育、成熟、结果，还使万物得到抚养和保护。

《道德经》第62章说"道者万物之奥，善人之宝，不善人之所保"，道是万物的主宰，善良的人把它当成宝贝珍惜它，不善的人也可以从那儿得到保护。

（二）"道"的"四不"

老子在《道德经》第5章中又说"天地不仁，以万物为刍狗"。道对待万物，像对待祭祀时草扎的小狗一样，任凭万物自然生长而不求回报。具体如何不求回报，在《道德经》第34章中进一步讲道："大道泛兮，其可左右。万物恃之以生而不辞，功成而不有。衣养万物而不为主，常无欲，可名于小。万物归焉而不为主，可名为大。"

由此可知，道具有：

（1）生而不辞："道"生万物却不言，不到处宣传。

（2）功成不有："道"成就功业却不追求荣誉。

（3）养而不主："道"养育万物却不主宰控制。

（4）利而不害：对万物只有利处而没有害处。

思维导图

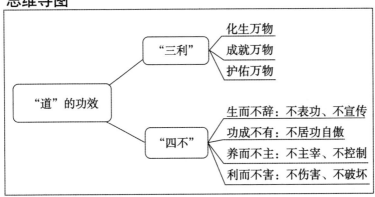

三、人们对"道"的态度

关于对"道"的态度,《道德经》第41章说得很清楚:"上士闻道,勤而行之;中士闻道,若存若亡;下士闻道,大笑之,不笑不足以为道。"也就是说,上士听到道后,必定立即勤奋去实行;中士听到道后,则将信将疑、犹豫不定;下士听到道后,则会哈哈大笑。如果不被他们嘲笑,那就不足以成为"道"了。

这里提到的"士",是春秋战国之际一个不断发展壮大的社会阶层。顾颉刚在《武士与文士之蜕化》中说:"士为低级之贵族。"孟子在《孟子·万章下》谈到当时的禄制时说:"大夫倍上士,上士倍中士,中士倍下士;下士与庶人在官者同禄,禄足以代其耕也。"由此可知,"士"是古代贵族阶层中较低的一个集团,士的最低层次与庶人为官者相当。

士阶层有着自己独特的品格。孟子说"无恒产而有恒心者,惟士为能"(《孟子·梁惠王上》),又说"士穷不失义,达不离道"(《孟子·尽心上》)。《史记·老子韩非列传》记载老子认为士应该"君子得其时则驾,不得其时则蓬累而行"。《论语·泰伯》记载孔子认为士"天下有道则见,无道则隐"。从中,可知士虽没有固定的财产,却有一定的道德观念、行为准则和理想信念,大多竭力维护自己的理想和人格尊严,坚持信念高于权势。

这部分有知识、有信念、有理想的社会中间阶层,对于"道"的态度还不尽相同。上士,即修为、涵养层次达到很高水平的"士",了解"道"之后会立即且不断地行"道"。中士,即修为、涵养层次达到中等水平的"士",对"道"犹豫再三、举棋不定。下士,即修为、涵养层次处于低等水平的"士",对"道"则"大笑之"。这个"笑"是嘲笑、可笑,觉得不可理喻,是天大的笑话。

对此,老子也见怪不怪,甚至认为"不笑不足以为道",如果不能让人大笑,就称不上"道"。从上士到中士、下士,人们对"道"的态度从相信到半信再到质疑到"大笑",经历180°的大转变。

为什么会对"道"大笑?因为"明道若昧,进道若退,夷道若纇"。光明的道看似暗昧;前进的道好似在后退;平坦的道好似凹凸不平。人们苦苦追求的"大道",原来看上去是如此平常、暗淡。人们期望的"道"是光明、前进、平坦的,但看到的"道"却是与期望的相反,于是人们质疑,难道这就是你所说的"道"? 下士况且如此,更不用说一般的平民老百姓了,对于"道",要么听不懂,要么不相信。

闻道勤行的"上士"毕竟占极少数,大多数人对"道"是听不懂、不相信、不认同。因此,"知我者希,则我者贵",了解并遵从"道"的人非常稀少,如果还能按照"道"的法则行事,就会高贵。出现"大道甚夷,而民好径。朝甚除,田甚芜,仓甚虚",人们舍弃平坦的大道,而喜欢选择小路。朝纲败坏,农田荒芜,仓库空虚,都是远离"大道"的结果。

思维导图

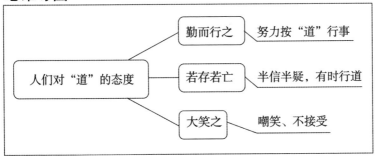

第三节　解决问题——勤行"道"

对于"道",要向"上士"那样"勤而行之"。到底该怎样"勤而行之",如何一步一步近"道"、行"道"呢?

一、少私寡欲

《道德经》开篇第 1 章就说"常无欲,以观其妙"。想要看到"道"的初期微妙,就要保持无欲无求、虚空的状态。《道德经》第 3 章又说"不尚贤,使民不争;

不贵难得之货,使民不为盗;不见(xiàn)可欲,使民心不乱",守"道"的领导者不推崇道德标准、不珍爱稀世之物、不表现欲望爱好,这样下面的百姓才不会效仿着去争名夺利,民心才不会乱。要"为无为",放下欲望。《道德经》第19章强调要"见素抱朴,少私寡欲",要保持纯洁质朴的本性,减少私欲杂念,抛弃"圣智礼法"的学问。

(一)少私寡欲的具体体现

1.胸怀天下,宠辱不惊

《道德经》第13章说:"何谓宠辱若惊?宠为下,得之若惊,失之若惊,是谓宠辱若惊。"宠爱是卑下的,得到它会感到心惊不安,失去它也会惊恐万分。为什么会出现"宠辱若惊"?因为"贵大患若身",是因为把得与失看得像身体一样重要,因此患得患失。"吾所以有大患者,为吾有身,及吾无身,吾有何患",之所以非常在意得失,是因为眼里有我自身,看重自身利益。如果不考虑自身利益,把自身与天下融为一体,我还在意什么?还担心什么?因此,做到了胸怀天下,把自私的小我打破了,个人私欲没有了,与天下同悲同喜,就不会有个人的患得患失,就可以做到个人的"宠辱不惊"。

2.不为外界所诱惑

《道德经》第12章进一步说:"五色令人目盲,五音令人耳聋,五味令人口爽,驰骋畋(tián)猎令人心发狂,难得之货令人行妨。是以圣人为腹不为目,故去彼取此。"外界的诱惑是巨大的,以致遮蔽了我们的视听。圣人"为腹不为目",只满足基本的生存所需,不被外界所干扰、诱惑。

3.不妄为,不我执

《道德经》第29章说:"圣人无为,故无败;无执,故无失。"不随自己的欲望肆意妄为,没有执念,这样才不会失败、不会失去。圣人"去甚,去奢,去泰",去掉极端、奢侈和舒服的东西。

统治者如果有太多的私心欲念,就会出现《道德经》第75章所说的"民之饥""民之难治""民之轻死",因为"民之饥,以其上食税之多,是以饥。民之难治,以其上之有为,是以难治。民之轻死,以其上求生之厚,是以轻死"。

《道德经》第48章说:"为学日益,为道日损。损之又损,以至于无为。无为而无不为。"要遵道而行,就是要减少欲望,不断减少欲念,以至于最后没有了欲望之下的妄为,做到了不妄为,就什么都可以做了,怎么做都会在"道"上。

(二)"少私寡欲"不是无私无欲

少私,不是无私,不是完全没有个人利益,而是不过分关注个人利益得失,把个人利益融入天下利益之中。要"贵以身为天下""爱以身为天下",把天下看得和自己的生命一样宝贵,爱天下和爱自己的生命一样,这样才可以把天下的责任委托给他。要"自知、自胜",了解自己想要什么,战胜自己的私欲私念。

寡欲,不是无欲,而是要减少不必要、不过度的欲望,什么是必要的、合理的欲望? 对此,老子也有所明确:

一是指最基本的生存欲望。老子称之为"为腹",填饱肚子,也可以引申为基本的、维持生理需求的欲望。

二是指对"道"的探索欲望。《道德经》开篇第1章,说了"常无欲,以观其妙"之后,接着说"常有欲,以观其徼"。要看到"道"的初期微妙,要保持虚空无欲的状态,而要看到"道"的宏大或终极发展,需要"有欲",需要顺着"道"的路径积极主动探索。要像"道"一样在大、虚、利万物等层面去追求、探索。

道的初期,其作用或产生的功效表现出来是非常柔弱、微小的,而人的欲望是非常大的,如果用世俗欲望的标准来评价"道"运行的微妙状态,会看不到"道",或者直接给予否定。比如中国的一句老话说"星星之火,可以燎原"。明代贺逢圣《致族人书》:"天下事皆起于微,成于慎,微之不慎,星火燎原,蚁穴溃堤。吾畏其卒,故怖其始也。"明代张居正《答云南巡抚何莱山论夷情》:"究观近年之事,皆起于不才武职、贪黩有司及四方无籍奸徒窜入其中者,激而构煽之,星星之火,可以燎原。"1919年《淞沪护军使卢永祥电》:"此次沪上风潮始有学生罢课,继由商人罢市,近日将由劳动工人同盟罢工……星星之火,可以燎原,失此不图,将成大乱。"在这里,更多的是指,对一些不好的事情要谨慎洞察、防微杜渐。因此,在"道"的初期表现微弱阶段,一定要清空自己头脑中的世俗欲念来看待它,不能忽视、小视,不好的要充分重视,好的要抱有信心。这就是正向的信念力量,在别人都还看不上的微弱阶段,就坚定地相信,并努力推动,相信一定可以成大事。

而当人们认识"道"表现出来的作用,要想进一步探求"道"更加长远甚至终极影响,就需要主动去客服现实世俗社会的干扰,去积极探索,调动强大的求知欲望。因为,在世俗人的眼里,只追求功利的有用的东西,对于更加宏大的命题,会认为没有价值、没有意义。哲学家、思想家做的都是在一般人看来没有意义的事情,这才成就了他们的伟大。

而在世俗社会中,大多数人由于做不到"常无欲,以观其妙"和"常有欲,以观其徼",只能看到眼下"道"呈现出来的各种作用和表现。也就是大多数人只能看到"道"的当下,而看不到"道"的萌芽和未来。

可以用正态分布的模型来展示(图4-1):

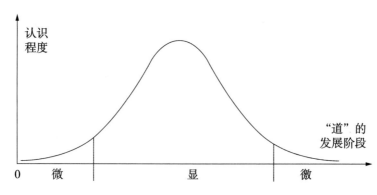

图4-1　人们对"道"不同阶段的认识程度

二、致虚守静

《道德经》第16章说要"致虚极,守静笃"。致虚守静,是老子继"少私寡欲"之后阐述的第二个命题。

（一）关于"致虚极"

1."虚"的两层含义

（1）指无形无状、不是具体可感的东西，比如人的内心。"虚"就是"道"所具有的属性，即"无状""无象"，没有具体的形状，不可具体感知。对应到人的身上，无形无状的就是"心"，心里怎么想的，只有自己知道。老子强调"虚"，就是在突出"心"的重要，后面在"上善若水"中也提到"心善渊"，后文我们会分析说明，其实"心"与"道"有很多共通之处。我们常说"虚心"，就是让心像深渊一样，深厚宏大、包容万物，要时刻注意涵养自己的心。

（2）指放空、清空。"虚"也是"虚实"的"虚"，与"实"相反。

虚，从虍（hū）从丘（qiu，从北从一），造字本义：虎豹横行、了无人烟的地方。虚，本义为大山丘，即"墟"的本字。《说文》说"虚，大丘也，昆仑丘谓之昆仑虚"。大则空旷，故引申为空虚。《尔雅》，"虚，空也"。

实，最早见于西周金文。"实"字本义是富裕，家里有许多财物，由此引申为名词，指财富；用作动词，指充满。一说，"实"的本义是充满、没有空隙，由满引申为财富，又引申指财富。后引申为种子、果实，再引申用作动词，指结出果实。实，就是对人们有用的东西，包括财物、可以吃的果实等。

人们整天想的是如何能得到更多的财物，如何让果树结出更多的果实，心里也就被这些给充满了，以至于没有空隙，成了另一种"实"。老子看到当时社会人们都在追求五色、五味、五音等更好看、更好吃、更好听的东西，追求物质感官享受，天天想的都是这些，心里充满了私欲和杂念。因此，提出"致虚极"，用这种极端化的强调，希望人们放空私欲和杂念，在心里保持一片净土，给灵魂一片没有污染、空明朗朗的天空。

2.要努力把"虚"做到极致

"致虚极"中，"致"是"努力做到"的意思，"极"是极致，也就是最高境界。结合"虚"的两层意思，我们可以得出如下两个结论：①老子极力主张，人不要盯住眼前的物质利益不放，要把自己内心的精神世界放在最高的位置，追求心灵的最高境界;②老子告诫人们,要把内心对财富、功利的欲念清空干净,让内心变得纯净。

以上两个结论殊途同归,都是在说人不可过分追求有形的物质利益,而应该追求无形的精神世界。如果内心有物欲,甚至充满物欲,就应该去清空,给心灵一片净土。这种追求是无止境的,要不断努力,做到极致。

为什么要把"虚"做到极致?

因为人是欲望的动物。欲望会随时被点燃、生长、壮大,人就是生活在欲望系统之中,人生就是与欲望系统斗争和妥协的过程。后面章节会专门探讨欲望是如何生长的,欲望系统是如何一步步形成并逐渐牢固的。

正是有了欲望,我们才会被眼前利益迷惑、吸引,内心会被"实"的财物功利充实。因此,要想"虚"就要做到极致,不让内心的私欲滋长,要让对财物利益的迷恋去除干净。

(二)关于"守静笃"

1."静"就是和大道在一起,回归根本、天命

老子认为,天下本来就是清静的,"清静为天下正",万物运行的秩序即"道"就是清静的。《道德经》第39章说:"昔之得一者,天得一以清,地得一以宁,神得一以灵,谷得一以盈,万物得一以生,侯王得一以为天下贞。"天清、地宁、神灵、谷盈、万物生、天下贞,都是因为得了"道",或者说是"道"的体现。如果做不到清静,如果远离了"道",就会"天无以清将恐裂,地无以宁将恐发(fèi,"发"通"废"),神无以灵将恐歇,谷无以盈将恐竭,万物无以生将恐灭,侯王无以贵高将恐蹶(jué)"。没有清静,天地崩陷,神灵失去灵验就会消失,山谷没有生机也会枯竭,生命将会灭绝,君王做不到清静也会不再高贵,其统治地位会被推翻。

什么叫"静"?回归根本、天命,就叫静。《道德经》第16章在"致虚极,守静笃"之后接着说:"夫物芸芸,各复归其根。归根曰静,静曰复命。复命曰常,知常曰明,不知常,妄作凶。知常容,容乃公,公乃全,全乃天,天乃道,道乃久,没身不殆。"

在这里,老子用一连串概念来解释"静"。苏辙《老子解》给出的解读为:

"夫物芸芸,各复归其根"——万物皆作于性,皆复于性,譬如华叶之生于根而归于根,涛澜之生于水而归于水耳。

"归根曰静"——苟未能自复于性,虽止动息念以求静,非静也。故惟归根,然后为静。

"静曰复命"——命者,性之妙也。性犹可言,至于命则不可言矣。《易》曰:穷理尽性以至于命。圣人之学道,必始于穷理,中于尽性,终于复命。仁义礼乐,圣人之所以接物也,而仁义礼乐之用,必有所以然者。不知其所以然,徇其名而为之,世俗之士也。知其所以然而后行之,君子也。此之谓穷理。虽然尽心以穷理而后得之,不求则不得也。事物日构于前,必求而后能应,则其为力也劳,而为功也少。圣人外不为物所蔽,其性湛然,不勉而中,不思而得,物至而能应,此之谓尽性。虽然,此吾性也,犹有物我之辨焉,则几于妄矣。君之命曰命,天之命曰命,以性接物,而不知其为我,是以寄之命也。此之谓复命。

"复命曰常"——方其作也,虽天地山河之大,未有不变坏。不常者惟复于性,而后湛然常存矣。

"知常曰明"——不以复性为明,则皆世俗之智,虽自谓明,而非明也。

"不知常,妄作凶"——不知复性,则缘物而动,无作而非凶,虽得于一时,而失之远矣。

"知常容"——方迷于妄,则自是而非,彼物皆吾敌,吾何以容之? 苟知其皆妄,则虽仇-怜,犹将哀而怜之,夫何所不容哉?

"容乃公"——无所不容,则彼我之情尽,而尚谁私乎?

"公乃全"——无所不公,则天下将往而归之矣。

"全乃天"——无所不怀虽天何以加之。

"天乃道"——天犹有形,至于道则极矣,然而虽道外不能复进于此矣。

据此,我们梳理一下老子对"静"阐述的思维逻辑:

(1)万物终将回归根本、本性。

(2)回归根本,才是静,用意念让自己静都不是最终的静。

(3)静,就是回归到天命,以本性对待事物,而不是自己的执念。

(4)回归到天命、本性,就掌握了万物变化中永恒不变的法则。

(5)认知到永恒不变的法则自己才算活得明白,如果只是知道世俗社会的生存技巧,那不叫明白。不明白万物变化的永恒法则,就会根据自己的欲念肆意妄为,就会带来危险。

(6)认识道永恒不变的法则,就会心胸宽广、包容天下。

(7)心胸宽广、包容天下才会做到坦荡、公平。

(8)做到了坦荡公平,天下的人都会来归附,这才能做到周全。

(9)做到周全,才能得到天助。

(10)得到天助,就是顺了自然"大道"。

(11)顺了自然大道才能长久,终身不会感到疲倦、懈怠。

以上所述可以用下面的逻辑图展示(图4-2):

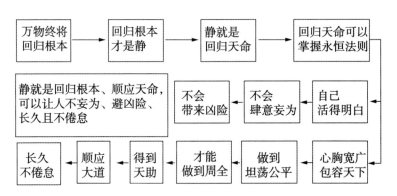

图4-2 老子关于"静"的思维逻辑

2. 要做到坚持不懈、持之以恒的"静"

对于老子所说的"致虚极,守静笃",苏辙《老子解》的解读为:

致虚不极,则有未亡也。守静不笃,则动未亡也。丘山虽去,而微尘未尽,未为极与笃也。盖致虚存虚,犹未离有,守静存静,犹陷于动,而况其他乎? 不极不笃,而责虚静之用,难矣。

如果努力做到"虚"而没有达到极致,则内心的私心杂念还没有完全消失。如果做不到坚持不懈、持之以恒的"静",则躁动还没有完全消失。如果做不到"虚"的极致和"静"的坚守,想要发挥"虚"与"静"的功用,是很难的。概括起来就是,做到完全的"虚"与"静"是很难的,正是因为难,我们才要努力做到极致和坚持不懈。

另外,从"守"与"笃"的字面意思,也可以看出老子强调对"静"的严防死守。"守"本义是官吏的职责,引申义为节操、掌管、保守、遵守、保护等。在这里,"遵守"和"保护"都说得通。"笃"的本义是马行走缓慢,即《说文解字》所谓的"马行顿迟",后延伸至忠实专一、深厚、厚重、加厚等。二字合起来,就是要忠实专一的遵守"静",加倍保护"静"。

为什么要忠实专一地遵守"静",加倍保护"静"? 做到"静"真的很难吗?

老子在《道德经》第 45 章说"静胜躁",即"静"能压制"躁"。第 26 章说"静为躁君",即"静"是"躁"的主宰。两处的意思都是说"静"能管得住、控制住"躁"。既然强调要忠实专一地遵守"静"、加倍保护"静",就是因为常常有"躁",时时会"动"。

我们经常说"躁动","躁"有"动"之意,与"静"相反,《管子·心术》说"躁者不静",《周书·谥法》说"好变动民曰躁"。但"躁"又有"性急,不冷静"之意,更多的是说心理层面,心里急了,然后就开始有动作了。可以说是先心躁而后身动。内心不淡定,所以就采取各种行动。

为什么我们会经常"躁动"? 还是因为我们时时刻刻受到欲望的侵扰,欲望来了,心就无法平静了,就会追求。满足了,就会追求更大的欲望,不满足,就会痛苦不堪,就会想方设法去实现。

综合以上，老子用那么重的语气说"致虚极，守静笃"，就是在强调：私欲无处不在、无时不在，我们很难与欲望切割，即使切割了，欲望也很容易死灰复燃。因此，我们在空间维度上，要把私欲彻底清理干净，做到"致虚极"，把这个事儿做到极致，不给欲望留生长的地方。然后，在时间上维度，要坚持不懈、严防死守，定期杀毒，不让欲望有生长壮大的时间，不让欲望卷土重来。

三、弗居不争

做到了"致虚极，守静笃"，就可以甘受"大道"，而不会轻率和躁动，更不会去争斗。在这里，《道德经》给统治者提出了一个重要领导法则——弗居不争。

在《道德经》第 17 章，老子提出："功成事遂，百姓皆谓我自然。"在大功告成、诸事都遂人心意之后，老百姓都会认为"事情本来应该就是这样"。因此，"圣人"此刻应该"悠兮其贵言"，做到悠闲自在、少发号施令，应该做到功成弗居、功成身退、不争。"圣人"也就是有道的统治者做到功成不居、为而不争，老百姓才能顺应自然，安守自己的本分，过好自己的日子。如果统治者做不到这一点，贪图享受，与民争利，就会遭到老百姓的抵制、反抗。

老子站在老百姓的角度，"居下位"的视角，对统治者是否做到"弗居不争"，划分出四个层次，即"太上，不知有之。其次，亲而誉之。其次，畏之。其次，侮之"。对此可做如下解读。

第一等：百姓感觉不到的合道之王。最高明的统治者，无为而治，不对人民生活进行干涉，人民生活得自在安乐，没有怨言，感觉不到统治者的存在。

第二等：百姓亲近赞誉的王道之王。给人民施以恩惠，但不高高在上，不让人民感觉到他的特殊性，和人民相处融洽，人民因此亲近他、称赞他。

第三等：百姓畏惧害怕的霸道之王。制定苛刻的法律制度，用强制手段来确保国家机器运转，老百姓对其心怀畏惧，感到害怕，在忍气吞声中不断积累仇恨。

第四等：百姓群起侮之的末路之王。把老百姓当奴隶对待，奴役、辱骂、剥削。老百姓忍无可忍，只好揭竿而起、反抗暴政。

怎样做一个顺道而为、无为而治的合道之王呢？老子给出的答案是：心态上弗居，行为上不争。

（一）心态：弗居

君主或领导者，一般都有两大特征：立大功、居高位。但在大事已成、功成事遂之后，就要做到"功成不处"，有功而不居功。

1. 身退，放下名利

《道德经》第9章提到的"功成身退，天之道"，《道德经》第66章所说的"欲先民，必以身后之"，都是在告诫统治者，要把自己的利益放在后面，把天下人的利益放在前面。

2. 善下，保持谦卑

《道德经》第66章说："江海所以能为百谷王者，以其善下之，故能为百谷王。是以欲上民，必以言下之；欲先民，必以身后之。"第68章说："善用人者为之下。"这都是在强调，领导人要把自己的位置放得低一些，要保持谦卑，必须心口合一地对人民表示谦下。

3. 不以为是，不自高自大

《道德经》第22章说"不自是，故彰""不自矜，故长"。老子告诫我们，不自以为是，反而能做到是非分明。不自高自大，反而能得以保全长久。

（二）行为：不争

1. 不和"道"争——不妄为，不我执

《道德经》第29章说："天下神器，不可为也，不可执也。为者败之，执者失之。是以圣人无为，故无败；无执，故无失。"意思是，"天下"大道，是神圣不可侵犯的，不是人的主观意愿所能影响和左右的。在"道"的面前，人不能根据自己的欲念肆意妄为，不能胡来。发现自己存在妄念、妄为了，与"道"偏离了，要及时调整，不可执迷不悟、执着于妄念。

不妄为、不我执，本质上是要时刻与"道"在一起，与"道"同步，不能离"道"

而妄为,更不能在偏离"道"之后而不知悔改,一意孤行。

2. 不和别人争名——不自见、不自贵、不见贤、不自伐(不自吹自擂)

《道德经》第72章说"是以圣人自知,不自见(xiàn);自爱,不自贵"。第77章说圣人"为而不恃,功成而不处,其不欲见(xiàn)贤"。圣人有自知之明但不自我表现,有自爱之心但不自显高贵,也不会表现出自己的贤能,更不会自吹自擂。

这些都是在强调,为道的"圣人",懂得自知、自爱,不会去刻意表现自己的贤德和能力,不会去展示、塑造自己的高贵,不会去刻意宣扬一种好的品性,更不会自我吹嘘、自我标榜。塑造自己的伟大,突出自己的名声,就是为自己争名,就是沽名钓誉之辈。而"圣人"做到了少私寡欲,内心里没有自己,只有天下大道,真正做到了清静无为。

3. 不和别人争利——去甚,去奢,去泰

《道德经》第29章说:"夫物或行或随;或歔(xū)或吹;或强或羸;或挫或隳(huī)。是以圣人去甚,去奢,去泰。"老子认为,万物秉性不一,有的前行,有的后随;有的气缓,有的气急;有的刚强,有的羸弱;有的安定,有的危险。因此,有道的人要去除那种极端的、奢侈的、过度的措施。

我们常说的生活态度,其实是对待万物的态度。对待万物的态度,首先在于万物属性的划分。有些东西是维护人基本生存的,也就是刚需的东西,比如基本的衣食住行。基本的,就是满足生存的需要,同样是食,能充饥果腹的粮食,就是基本的生存刚需,而美味佳肴则是满足升级需求的。从人的视角来看,万物对人的价值和意义有所不同,有些是必需品,有些是升级需求用品,有些则是高端奢侈品。"圣人"过的是简单淳朴的生活,满足基本的生活需求即可,所谓"为腹不为目",就是关注吃饱肚子的东西,而不关注令人目盲、眼花缭乱的各种诱惑。

高端的奢侈品,一定是非常珍稀、数量有限的,再生性非常小。追求这些东西,你得到了别人就失去了,是一种零和博弈,就是与别人争。另外,追求这些东西,得不到就痛苦,得到了会激发更大的欲望,追求更高层次的生活享受。这些都是"圣人"所不为的。

4. 不和别人争权——生而不有,长而不宰

《道德经》第10章说:"生而不有,为而不恃,长(zhǎng)而不宰,是谓玄德。"最高深、玄妙的"德",是生养万物却并不据为己有,为世间立下卓越功勋但并不自恃有功,滋养万物但并不居于主宰地位。

即使是自己创造或滋养的东西,也不要企图占有和控制,不要把自己的意志强加到他们身上,更不要说和自己和谐相处的自然万物了。不要想当然地认为周围的人和物是自己的,自己可以控制他们的言行,甚至拥有生杀大权。

这就是告诫领导者,不要和别人争权,万物都有按照自身规律生存、发展的权利,不能随意干预、影响别人,不能认为自己可以主宰别人。

四、顺道而为

从少私寡欲到清静无为再到弗居不争,老子一直在说我们不应该做什么,列出来的都是负面清单,都是不应该做的事情。哪些是我们应该做的事情呢? 老子也给我们列出了如何行道的正面清单。

(一)行善事

"善"最早见于金文。《说文》:"善,吉也。从誩,从羊。""善"的本义是像羊一样,有吉祥美好之义。后引申为"完好、美好、圆满、共同满足"之意,比如《战国策·赵策》:"岂人主之子孙则敢不善哉?"后进一步引申为擅长、领先于某方面,高明,工巧。

"善"是中华文化的核心关键词。《易经》说:"积善之家必有余庆,积不善之家必有余殃。"凡是积德行善做好事的人家,必然留给子孙许多福泽,会有很多庆贺的事情;而多行不善、常做恶事的人家,给子孙带来的是恶果、是灾难。佛家有"善有善报,恶有恶报;不是不报,时候未到"的理念,强调善与恶的因果报应,与上面《易经》所说有异曲同工之处。儒家在《礼记·大学》中提出:"大学之道,在明明德,在亲民,在止于至善。"对于"至善",朱熹在《大学章句》中解释为"事

理当然之极"，即事情的最高原则。王阳明解释为："至善者，性也。性元无一毫之恶，故曰至善。"（《传习录》）王阳明认为，"至善"就是"天命之性"，就是阳明心学中的"良知"。人的"天命之性"本来就是光明正大、圆满无缺的，止于至善，不过是复其本性的本来面目而已。

对"善"论述较为详细、系统的当属《了凡四训》。在《了凡四训》第三篇"积善之方"中说："若复精而言之，则善有真，有假；有端，有曲；有阴，有阳；有是，有非；有偏，有正；有半，有满；有大，有小；有难，有易；皆当深辨。"把"善"进行了更加深入、细致的划分。其中，对于"善"的真假，文中解释说："有益于人，是善；有益于己，是恶。有益于人，则殴人，詈人皆善也；有益于己，则敬人，礼人皆恶也。是故人之行善，利人者公，公则为真；利己者私，私则为假。又根心者真，袭迹者假；又无为而为者真，有为而为者假；皆当自考。"

可以看出，《了凡四训》认为真正的"善"有三个标准：

（1）利他：对别人好，而不是为自己好。

（2）真心利他：真诚的、发自肺腑的为别人好，而不只是外在的。

（3）是顺道而为的利他：在利他助人的过程中，顺应自然大道，没有人为的妄念妄为。

老子所说的"善"是什么意思？《道德经》第8章说："上善若水。水善利万物而不争，处众人之所恶（wù），故几（jǐ）于道。"最高的善就像水一样，水善于滋润万物却不与其争短长。它总是停留在众人不愿去的低洼之地，这种品德，最接近于"道"。由此可以看出，老子说的"善"，就是近于道，能近"道"、体现"道"的东西或动作，就是"善"的。

所谓的"上善"，是指最合乎道、最接近道的事情。第8章对"上善若水"做了进一步的解释：居善地，心善渊，与善仁，言善信，正善治，事善能，动善时。

居善地——甘居低下卑微处。

心善渊——心胸像深渊一样宁静而深厚。

与善仁——待人宽仁，能站在对方角度考虑。

言善信——说话信守诺言。

正善治——为政擅长治理。

事善能——办事能充分发挥所长。

动善时——行动做事擅于把握时机。

（二）修与观

《道德经》第54章说："善建者不拔,善抱者不脱,子孙以祭祀不辍。修之于身,其德乃真;修之于家,其德乃余;修之于乡,其德乃长(zhǎng);修之于国,其德乃丰;修之于天下,其德乃普。故以身观身,以家观家,以乡观乡,以国观国,以天下观天下。吾何以知天下然哉? 以此。"

这一章,老子给我们指出了如何在现实社会做好自己和看待周围的事物。

1. 对自己,就是要"修"

修的内容是什么? 是"上善",是接近"道"的东西,具体内容就是上面说的"居善地,心善渊,与善仁,言善信,正善治,事善能,动善时"。

修的目的是什么? 是实现有"德"。什么是"德"? 这是《道德经》的一个核心话题,如果说"道"是世界观,是说世界是什么,世界是如何演化的,那么"德"就是方法论,就是告诉我们如何做才能顺道而行。老子有几个"德"的划分,即玄德、上德、下德。

"玄德",是最高深的"德",是返璞归真、滋养万物。第10章说:"生而不有,为而不恃,长(zhǎng)而不宰,是谓玄德。""玄德"就是像道一样化育万物而没有个人私利。第65章说:"玄德深矣,远矣,与物反矣,然后乃至大顺。"玄德深不可测,远不可及,和万物一起复归到道的真朴,然后才能极大地顺乎自然。综合来看,"玄德"是最深厚的"德",就是去掉世俗的私欲,最大程度上回归到淳朴的、化育万物的自然之道。

关于上德、下德,《道德经》第38章说:"上德不德,是以有德;下德不失德,是以无德。上德无为而无以为,下德为之而有以为。"上德,外在形式上没有表现出"德",实际上不主动作为,一切依照"自然"之道行事,在顺道的路上也没有加入自己的欲念或人为的措施。下德,外在形式上表现为有德,实际上没有达到"德",想努力有所作为,尽管也顺道而为,但加入了更多的个人想法或人为措施。

修的方法是什么? 是善建善抱。第54章说:"善建者不拔,善抱者不脱,子孙以祭祀不辍。修之于身,其德乃真;修之于家,其德乃余;修之于乡,其德乃长(zhǎng);修之于国,其德乃丰;修之于天下,其德乃普。"善于有所建树的人,一般人是没有办法去拔动他的根基的。善于坚持信仰信念的人,一般人是没有办法去动摇他的。

修的法门之一,是"建",要不断积累、放大。

建,春秋、战国时期有表树物于土上、竖立之意,《诗·小雅·出车》:"设此旐矣,建彼旄矣。"孔颖达疏:"乃建立彼旄于戎车之上矣。"引申泛指建立、设置。"善建者不拔"的"建",有建设之意,建设并不断积累壮大。比如第59章说:"早服谓之重(chóng)积德,重(chóng)积德则无不克,无不克则莫知其极,莫知其极可以有国。有国之母可以长久。是谓深根固柢(dǐ),长生久视之道。"里面提到的"深根固柢"与"善建者不拔"的"不拔"有异曲同工之处。第63章说"天下难事必作于易,天下大事必作于细",也是在说要从小处、易处入手,一点一滴地积累。第54章提到的"修之于身""修之于家""修之于乡""修之于国""修之于天下",也是在强调要不断扩大"修"的范围,"德"的影响也从"真"到"余""长""丰""普"不断壮大。

修的法门之二,是"抱",就是要怀藏、拥抱"道",不抛弃,不放弃。

在遵循自然大道、顺道而行的过程中,在一点一滴的建设、积累中,会遇到各种外界的干扰和诱惑,比如别人的嘲笑和不理解、物质欲望的诱惑,甚至是遭到排斥或抵制。在这个过程中,要坚守自己对"道"的信仰,坚持对"修道"之路的信念,做到不抛弃、不放弃,才不会与"大道"相脱离,并代代相传给后世子孙。

2. 对外,要"观"

通过"观",观察推测事物运行的道理,也是一种"修道"。"观"是悟,是知,

"修"是行,"观"是为了更好地"修"。通过"以家观家,以乡观乡,以国观国,以天下观天下",站在更大范围内观察推出"道"的运行,才能更好地体悟道,做到顺道而行。儒家提出的"格物致知",本质上也是一种"观"。

(三)懂阴阳转化

中国原始哲学"易"的核心思想,就是阴阳的对立统一与动态互化。任何事物都有阴阳两面,阴阳两面是相反相成,没有纯粹的阳也没有纯粹的阴,阴与阳处于动态的平衡和互相转化中。

《道德经》中反复强调这一思想。比如"天下万物生于有,有生于无""万物负阴而抱阳,冲气以为和""大直若屈,大巧若拙,大辩若讷。躁胜寒,静胜热""贵以贱为本,高以下为基""祸兮福之所倚,福兮祸之所伏""天下难事必作于易,天下大事必作于细"等。

老子反复强调的阴阳统一中对立、动态中平衡、制约中发展的思想,意在劝诫统治者:

一是要回看,回归本真。因为"返者,道之动",循环往复是道的运行法则,不知道回看,只知道凭着自己的欲念一路向前,将是死路一条。老子所说的"贵以贱为本,高以下为基""大直若屈,大巧若拙,大辩若讷。躁胜寒,静胜热"等都是这一思想的体现。

二是要适度、合理,不可极端、用尽。第58章分析了福祸相依、正复为奇、善复为妖,阴阳是可以相互转化的,然后得出结论"是以圣人方而不割,廉而不刿(guì),直而不肆,光而不耀",即有道的人处事方正而不显得生硬,虽有棱角也不会伤人,直率而不放肆,明亮而不耀眼。方与割、廉与刿、直与肆、光与耀,好与坏,阴与阳,在这两个极端之间,要找到一个合理的位置,让人感觉好而舒服,如果一味追求方正、明亮,反而会伤人,让人不舒服。儒家很好地继承了这一思想,并把它发扬光大,提出"中庸"思想,并成为国人遵循与推崇的做人处事原则。

思维导图

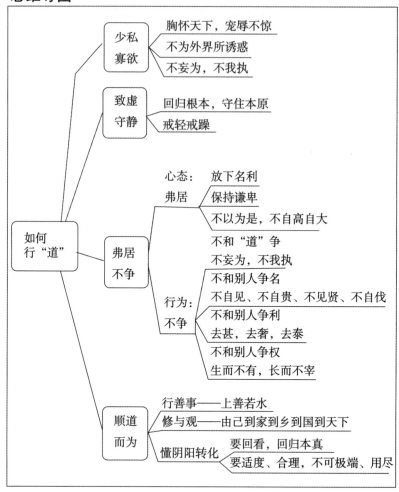

第四节　目标或理想——善为士和小国寡民

如果顺道而为、勤而行道,不放弃不抛弃,将会达到什么目标或理想呢? 本节就是方案的效果预估部分,分为个人层面和社会层面。

一、个人层面——古之善为士者

一个人修"道"的最高境界或者最终理想是什么？是"古之善为士者"。

《道德经》第15章说："古之善为士者，微妙玄通，深不可识。夫唯不可识，故强为之容。"在谈到"古之善为士者"时用了"微妙玄通"和"强为之容"两个关键词，而这两个关键词原本是用在"道"上的。

一是"微妙玄通"。这个词在第1章是用来形容"道"的，只不过在第1章是分开的，说："故，常无欲，以观其妙；常有欲，以观其徼。两者同出，异名同谓，玄之又玄，众妙之门。"把用来描述"道"的特点——微、妙、玄，用在一个人身上，可见这个人"几于道"，是多么的接近"道"。

二是"强"。其中的"强"有勉强、暂且之意。因为这样的人就像道一样"深不可识"，既然已经不能完全认识，就更不能描述清楚了。所以勉强、暂且"为之容"。同样的意思在描述"道"时也出现过，第25章说："有物混（hùn）成，先天地生。寂兮寥兮，独立不改，周行而不殆，可以为天下母。吾不知其名，字之曰道，强（qiǎng）为之名曰大。"其中的"强"也是勉强、暂且之意。因为我的认识有限，不知道它的名字，给他命名为"道"，勉强、暂且用"大"来描述它。这两个地方都用"强"字，都是在说明我们无法完全认识"道"的"大"和"善为士者"的"深"，既然无法完全认识，一切语言也都无法准确描述，所有的词汇都显得苍白无力。

以上可以看出，老子认为"古之善为士者"是最接近"道"的。

到底一个人达到什么状态才是最近接"道"？虽然这样的人"微妙玄通，深不可识"，老子还是为我们"强为之容"了，给我们刻画出了此类人的几个特点：

（一）谨慎

"豫兮若冬涉川"，小心谨慎，就像冬天赤脚涉水过河时那样逡巡不前。本来过河就是谨慎的，冬天过河，冒着刺骨寒冰，更加需要谨慎。

为什么会那么谨慎？是担心会偏离天道，触犯天道，因此谨小慎微，不敢随意妄为。

（二）警觉

"犹兮若畏四邻"，警觉戒备，就像居于强邻包围之中，时刻有大兵压境的危险。

为什么会那么警觉？是因为要警觉内心滋长的贪欲以及周围环境的诱惑。对于一个修道、行道之人，把内心的贪欲和外部的诱惑看成就像大兵压境、强邻环伺一样危险。这些都会干扰我们的"修道"之心，进而会破坏内心的宁静，让自己逐渐躁动起来，让长期积累形成的成果功亏一篑。

（三）拘谨

"俨兮其若客"，严肃拘谨，就像在做客一样。

为什么会像做客一样？因为在周行不殆、运行不息的大"道"面前，一个人乃至整个人类，都是匆匆过客。天道才是宇宙万物的主宰，人只是天道的宾客。

（四）亲和

"涣兮其若凌释"，融合可亲，就好像正在消融的冰。

为什么会那么亲和？因为道就是很亲近的，和光同尘。真正修道的人也会像道一样混同于俗世，和普通人融合在一起。

（五）敦厚

"敦兮其若朴"，醇厚质朴，就像没有雕琢过的原木。

为什么会那么质朴？因为大道是万物之始，体现在最原始、最初始的状态，而最原始的状态一定是本真、质朴的，没有那么多人心欲望的污染。

（六）豁达

"旷兮其若谷"，旷远豁达，就像空旷的山谷一样。

为什么会豁达？因为"道"的主要特点就是大，覆盖宇宙万物，在"道"面前人是渺小的。人看到了"道"，就开阔了视野，胸怀就会变得阔达。

（七）浑厚

"混兮其若浊"，浑厚宽容，就像浑浑浊浊的江河大流一样。

为什么浑厚？因为第25章说"有物混（hùn）成，先天地生"，"物"就是所说的"道"，"道"本来就是混合一体的，就包含了阴与阳。这里的浑厚，就是做到阴中有阳、阳中有阴，负阴抱阳。

（八）宁静

"澹兮其若海"，淡泊宁静，就像大海一样。

为什么会宁静？因为清静为天下正，没有了私欲的裹挟，做到了不受外界的诱惑，放低了姿态，做到了不争，心就会"宁静"。"上善若水"中的"心善源"也有同样的意思。

（九）飘逸

"飂兮若无止"，形迹飘逸如大风，做到雷厉风行。

为什么形迹要像风一样，雷厉风行？因为闻道后"勤而行之"，在修道、行道的道路上不站、不看、不犹豫、不放弃、不抛弃，就像大风一样行动迅速。

（十）浊中取静

"能浊以静之徐清"，能在浊流中静下来，渐渐澄清。

为什么要在浊流中静下来？此处的"浊"是世俗、潮流，是贪欲驱动的世俗社会。与上文提到的"混兮其若浊"的"浊"不同，那是泥与水的混合，阴与阳的混合，是"浑厚"的代名词。要从世俗的贪欲中解脱出来，从"损不足以奉有余"的"人之道"这个偏离轨道上停下来，静下来，找到"损有余而补不足"的"天之道"。

从本质上说，"能浊以静之徐清"就是能从"损不足以补有余"的人道贪欲系统中解脱出来，进入"清静为天下正""损有余以补不足"的大道系统中去。

（十一）安中生动

"能安以久动之徐生"，能在安稳中动起来，逐渐生发。

为什么要在安稳中动起来？因为动静就是阴阳，是相互转化的。动中静下来,从"人之道"回归到了"天之道",就要动起来,积极行道,生发阳气,焕发生机。大道的"静",不是停止不前,而是没有贪欲的推动,自然而然的运行。行道之人,在解除了贪欲,上了"大道"的系统之后,能做到心有所安,不管外界有多大诱惑、多大风险,都不为所动,然后按照自己的方向、按照自己的节奏,从小处积累,勤而行之。

"古之善为士者"的以上几点,无一不是"道"的体现和运用,既让自己保持谨慎、警觉,还要让人感到亲和、豁达,既要让自己像客人一样拘谨、恭敬,还要质朴、豁达,既要内心宁静又要雷厉风行,既要浊中取静又要安中以动,要像面面俱到、样样做好非常之难,不仅要求高且多,而且阴与阳之间的度很难把握。这就是老子对个人"修道"最高境界的定义和描述,这也是老子对自己的要求标准。

二、社会层面——小国寡民

《道德经》第80章说:"小国寡民,使有什伯(bǎi)之器而不用,使民重(zhòng)死而不远徙(xǐ)。虽有舟舆,无所乘之;虽有甲兵,无所陈之;使民复结绳而用之。甘其食,美其服,安其居,乐其俗。邻国相望,鸡犬之声相闻,民至老死不相往来。"这一章描述了老子的理性社会——小国寡民。

从语义关系上看,这一章应该调为如下顺序:"甘其食,美其服,安其居,乐其俗。小国寡民,使有什伯(bǎi)之器而不用,使民重(zhòng)死而不远徙(xǐ)。虽有舟舆,无所乘之;虽有甲兵,无所陈之;使人复结绳而用之。邻国相望,鸡犬之声相闻,民至老死不相往来。"

第一个层面,民众层面,自得其乐、安分守己。作为社会里的最小单位,一个人是"自得其乐、安分守己"的。"甘其食,美其服,安其居,乐其俗"中,"甘"是心甘情愿,不是甘甜,"美"是以服为美,并不是华美,"安"是接受、认同,对自己所住的房子感到满意,"乐"是以其俗为乐,享受自己的社会民风民俗。整句话的意思是,百姓对吃穿住以及风俗都很满意,能做到心甘情愿、自得其乐、安分守己,没有过多的欲望、贪念。这里的"寡民"是民众欲望很少,"寡"的不是物质,而是欲望。

第二个层面,国家层面,功能弱化,没有什么大事可做。"小国"不是国家规模、面积小,而是国家没有什么大事可做。民众都做到安分守己、自得其乐了,国家的统治管理功能都弱化了,甚至无事可做。各种器具都用不上,不用做车船去远方,不用拿起武器去打仗,也没有大型祭祀活动,完全可以回到当初结绳记事的年代。

第三个层面,国与国层面,没有利益交叉,没有频繁互动。国家内部都没事可做,都可以结绳记事,国与国之间,就更没有利益交叉了,之间很少往来,一个普通老百姓从出生到死亡都看不到国与国之间发生的大事。这里的大事,无外乎两种:一种是和平的交往,比如联盟、交易、人员迁徙等;一种是非和平的交往,谈判、战争等。但不管是那种,都是建立在利益交叉基础上,没有了利益交叉,一切都没必要了。所以才会"民至老死不相往来"。

综合来看,老子描述的理想社会是:最小单位的个人,是对自己的生活心满意足,欲望很少。国家的功能是很弱化的,所做的事务很少。国与国层面,没有利益交集,没有过多的来往互动。这样的社会,一切听从"道"的安排,能量消耗很少,内耗很少。

思维导图

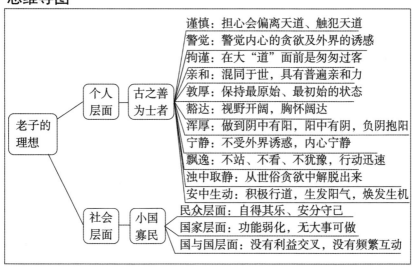

第 5 章

察其微:《道德经》的深度思考

人生与大道是一种什么样的关系?

人生是怎样一步步偏离大道的?

人生是如何被欲望系统锁定的?

如何让人生回归大道?

如何做到上善若水?

如何做好变与不变?

第一节　人与道的演变

人的一生,从出生到死亡,和"道"是什么关系? 中间经历了什么样的变化?

一、婴儿期:合道

老子认为,人在婴儿期,尤其是出生三个月之内还不会笑的婴儿时期,人与道是一体的,纯真质朴,混混沌沌,是合"道"的,天然地与"道"在一起。

《道德经》第49章说:"圣人在天下,歙歙(xī xī)焉,为天下浑其心。百姓皆注其耳目,圣人皆孩之。"意思是,有道的圣人处世收敛自己的主观意志,使天下人的心归于淳朴。百姓都用自己的耳目聪明,竞相用智用巧,圣人则要让百姓们都恢复到婴孩儿般的纯真质朴状态。

《道德经》第20章老子形容自己说"我独泊兮,其未兆;沌沌兮如婴儿之未孩"。这里的"孩",读为"咳",《说文》说"咳,小儿笑也"。"如婴儿之未孩"前面的"沌沌兮"三字原在"我愚人之心也哉"句后。马叙伦《老子校诂》谓:"此三句当在'如婴儿之未孩'上,所以形容婴儿浑沌未分,不知咳笑,与'儡儡兮'对文。"①老子的自我画像为:和世人不同,独自淡泊宁静,深沉不露,混混沌沌,像是还不会笑的婴儿。

不管是对自己的评价还是圣人对普通百姓的期望,都是婴儿般淳朴、宁静、浑沌的状态,这种状态是"合道",即与道融合。

婴儿为什么是"合道"的?

(1)婴儿就是人的初始状态,初始状态就是道的体现。开篇第1章就说"无,名天地之始;有,名万物之母"。万物的起始状态就体现道,人也不例外。

(2)婴儿眼里的世界是惚恍、浑沌的。在婴儿的眼中,世界还没有被"分

---

① 《老子》,中州古籍出版社,2008年版,第73页。

类",混沌一片,不知道大小、多少、好坏、美丑等人为划分标准,还没有分别心。这种状态就是"道"的初始状态。

《道德经》第 14 章说:"视之不见名曰夷,听之不闻名曰希,搏之不得名曰微。此三者不可致诘(jié),故混(hùn)而为一。其上不皦(jiǎo),其下不昧。绳绳(mǐn mǐn)不可名,复归于无物,是谓无状之状,无物之象。是谓惚恍。迎之不见其首,随之不见其后。执古之道,以御今之有,能知古始,是谓道纪。"张载《正蒙》说:"太和所谓道,中涵浮沉、动静、相感之性,是生氤氲、相荡、胜负、屈伸之始。其来也幾微易简,其究也广大坚固。"世界的初始状态是恍惚、浑沌的,是阴阳"混而为一"。婴儿眼里的世界就是这个样子。

(3)婴儿是柔弱的。《道德经》第 55 章说"含德之厚,比于赤子",因为"物壮则老,谓之不道",道就是柔弱的,婴儿"骨弱筋柔而握固",与道的柔弱本性相符合。

(4)婴儿是无社交、无私欲功利的。婴儿没有自己的欲望和功利目的,不会讨好人,甚至连对人微笑都不会。新生儿一出生,很快面部就会出现类似微笑的运动反应,但这种反应主要集中在嘴部,而不是表现在眼部,严格地讲不属于真正的微笑。在吃饱后的清醒状态下,出生后 1 周的宝宝就会有本能的微笑。这一类微笑都属于反射性的。到了第 5 周之后,婴儿在看到人的脸或听到说话声音时会露出微笑。3 个半月以后,尤其 4 个月以后的婴儿开始对不同的人,出现了不同的微笑,心理学上称之为"有选择的社会性微笑",这时的微笑才具有社交属性,才具有主动示好、讨好人的意图。

二、之后的两种状态:"长生久视"的顺道与"生生之厚"的背道

从婴儿期与道在一起的"合道"之后,随着一个人年龄的增长、受到社会环境的持续影响,开始逐渐与"道"分离,最终出现两种状态:顺道与背道。

1. 顺道——"重积德"而实现"长生久视"

《道德经》第 59 章提出:"治人事天莫若啬(sè)。夫唯啬,是谓早服。早服

谓之重（chóng）积德，重积德则无不克，无不克则莫知其极，莫知其极，可以有国。有国之母，可以长久。是谓深根固柢（dǐ），长生久视之道。"

深根固柢，才是长生之道。就像一个大树，根扎得越深，根系越发达，枝叶才能更加繁茂。人的深根固柢就是要"重积德"，"重积德"才是"长生久视之道"。"积德"的目标就是玄德——最深厚的德。什么是最深厚的"德"？第65章说："故以智治国，国之贼；不以智治国，国之福。知此两者，亦稽（jī）式。常知稽式，是谓玄德。玄德深矣，远矣，与物反矣，然后乃至大顺。"玄德就是不用"智"治国，"治人事天"不用智巧，而是用"道"。玄德深不可测，远不可及，和万物一起复归到道的真朴，极大地顺乎自然。由此推导出，回归纯真质朴，少私寡欲，不用智巧，才是"长生久视"之道。

2. 背道——"生生之厚"而进入"死地"

第50章说："出生入死。生之徒，十有三，死之徒，十有三。人之生，动之于死地，亦十有三。夫何故？以其生生之厚。盖闻善摄生者，陆行不遇兕（sì）虎，入军不被（pī）甲兵。兕无所投其角，虎无所措其爪（zhǎo），兵无所容其刃。夫何故？以其无死地。"

人从生下来一直到死，长寿的有十分之三；短命而亡的有十分之三。生下后本来可以活得长久，但自己走向死路的，也占十分之三。这是什么缘故呢？是因为求生太过度了，酒肉餍饱，奉养过厚了。人的这种非正常死亡、不是寿命所终的死亡，自己进入"死地"，都是违背了"道"，竟然占到所有人的六成。长寿者占了三成，短命或自己走向死路的，占了六成，剩下的一成，老子没有描述，那是什么状态？是在生死之间，不生不死、生死不分的混沌状态。如同《易经》第十章所说"易无思也，无为也，寂然不动，感而遂通天下之故"。它是"无思"的，没有智慧，是"无为"的，不会主动作为，看似"寂然不动"空无一物，像是虚空和静止的，但已经具有能量，就像自然界的电、雷、风、雨、云，充满能量，平时看它寂然不动，但它如果一感——阴阳交感、动静交感、善恶交感，就会马上发生变化，与天下大道相通。

进入"死地",就是违背了"道",就是因为"生生之厚",过于追求生活物资的丰厚,过分追求生之贪欲反而走向了生的反面——死。这也体现了阴阳相反相成、反向转化的原则。

从婴儿期的"合道"到步入死地的"背道",是一个"离道"的过程,就是逐步从偏离道到背离道的过程(图5-1)。

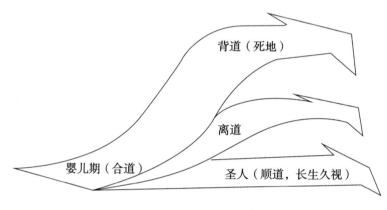

图5-1　人生与"道"的关系

第二节　人偏离道的过程

为什么人,准确说是婴儿期之后的人,会一步步偏离自然"大道"?

一、五色、五音、五味等外部的刺激诱惑

《道德经》中有两处给我们提供了寻找答案的线索。

第一处,第12章说:"五色令人目盲,五音令人耳聋,五味令人口爽,驰骋畋(tián)猎令人心发狂,难得之货令人行妨。是以圣人为腹不为目,故去彼取此。"

对于这一章,王弼《道德经注》解释为:

爽,差失也。失口之用,故谓之爽。夫耳、目、口、心,皆顺其性也。不以顺性

命,反以伤自然,故曰盲、聋、爽、狂也。难得之货塞人正路,故令人行妨也。为腹者以物养己,为目者以物役己,故圣人不为目也。

爽,是差失的意思。失去口的作用或功能就叫作爽。耳、目、口、心都要顺应它们的本性。如果不顺从它们本性、违反它们的使命,就会对它们自然的状态造成损伤,就出现了盲、聋、爽、狂。难得的东西因为难得,无法通过正当手段得到,所以就挡住了人们通过正常手段谋求幸福的道路。为腹,是用食物养活自己,这就是作为食物的本性,食物的本质就是用来充饥的。为目,是追求眼前看到的,被所见、所感诱惑,被这些东西奴役,过度追求这些东西,违背了自然大道,这些东西在眼里也改变了自己的本性,所以圣人"为腹不为目"。

对此,苏辙《老子解》解释为:

视色、听音、尝味,其本皆出于性。方其有性,而未有物也,至矣;及目缘五色、耳缘五音、口缘五味,夺于所缘而忘其本,则虽见而实盲,虽闻而实聋,虽尝而实爽也。圣人视色、听音、尝味皆与人同,至于驰骋畋猎未尝不为,而难得之货未尝不用也。然人皆以为病,而圣人独以为福,何也?圣人为腹,而众人为目,目贪而不能受,腹受而未尝贪故也。彼物之自外至者也,此性之凝于内者也。

看颜色、听声音、尝味道,这些功能的本质都源于我们感觉器官自身具有的本性。当我们的感官具备这样的本性,而没有接受外物刺激的时候,是最完满的。等到眼睛看到五色、耳朵听到五音、口尝到五味,感官被外物的各种美好所吸引、占据而忘记其本性,虽然能看却看不到,虽然能听却听不清,虽然能尝却尝不出味道。

圣人看颜色、听声音、尝味道都和别人相同,也不是不参加骑马打猎的活动,难得的东西也不是不用。不同的是,一般人容易被这些美好、难得的东西所诱惑,陷入追逐享受的病态中。圣人把这些当作幸福,只求吃饱饭,始终不离开事物的本性,即使再美好、再珍贵,也依然能看到表象背后的本质,而不会被外部的感官刺激所诱惑,更不会被他人的反应所吸引。事物是从外部影响人的,而本性是内在具有的。

概括来说,人的目、耳、口因为受五色、五音、五味所伤而丧失本来功用,失去本性,心也随之发狂,追求难得之货,因此在行道的道路上受到阻碍。而圣人之所以能做到顺道而行,就在于懂得"去彼取此",懂得透过表象看到本质,舍其末而用其本,有所为有所不为,为腹不为目,而不被目、耳、口所影响。

第二处,第37章说:"道常无为而无不为,侯王若能守之,万物将自化。化而欲作,吾将镇之以无名之朴。镇之以无名之朴,夫将无欲。不欲以静,天下将自定。"

"道"好像什么事情都没有做却又没有什么不是它做的。侯王若能遵循道,天下万物就会按自身规律正常发展。当它的自生自长产生贪欲时,我就用道的真朴去整治它。用道的真朴来征服它,就不会再起食欲之心了。没有贪欲自然会清静无为,天下万物将自然而然走向稳定、安宁。

这一章概括起来就是,万物在演化过程中,产生了人的贪欲,人的贪欲,让人无法宁静,因此逐渐偏离了道。

这两处综合起来看,目、耳、口等感官接收到太多的外界刺激以致让其丧失了本来的价值或功用,开始追求更多的外界刺激,贪欲增多,人也变得躁动不安,心也变得发狂起来,并追求更多的稀罕、珍贵之物,人由此偏离了大道。

一个新的问题产生了,为何并不是只有人类有眼睛、耳朵、嘴巴,一些动物的眼睛、耳朵、嘴巴的功能比人的更强大,同样在接受外界各种刺激,为什么人会慢慢产生贪欲,而动物不会?贪欲到底是怎么来的?为什么人会慢慢偏离"大道"而动物不会?

因受到历史的局限,无论是《道德经》原文还是后来的各种注释讲解,都没有给出我们想要的答案。在人类的演化中,到底发生了什么?

二、大脑——人类演化中出现的双刃剑

在人类的发展演化中,一个重要的变量就是大脑。

在其他生物演化出自己的奔跑速度、体型以及撕咬能力时,人类却选择了在当时看起来并没有什么用的脑容量。科学家对古人类头骨化石的研究揭示了人类大脑的发展,尤其是在80万到20万年前这段时间的变化过程:为了适应新的环境和频繁的气候变化,人脑实现了令人震惊的生长(图5-2)。

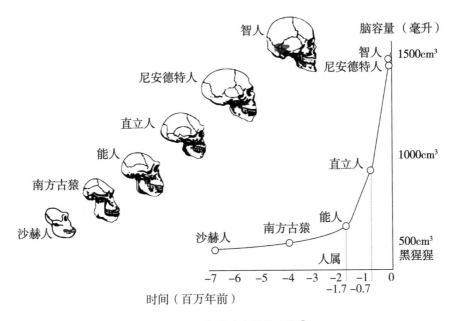

图5-2　人类脑容量的变化①

人类进化包括了脑尺寸的扩大和神经元数量的增加。但与其他灵长类相比,从共同祖先分化之后,我们的身体尺寸增长有限,而其他灵长类则有显著增长。人类(及人属的早期祖先)的进化可能优先增大了脑尺寸,其他人科动物则优先增大了身体尺寸。巴西神经科学家苏珊娜·海尔卡拉诺-豪泽尔(Suzana

① 钟铭聊科学《其他动物都是进化身体,为什么人类专挑大脑进化?》https://baijiahao.baidu.com/s? id=1661313485923323650&wfr=spider&for=pc

Herculano Houzel）认为，同时拥有极大的脑和身体，在代谢上也许是不可能做到的。人脑包含约860亿个神经元。人类的认知优势可能仅仅源自脑中的神经元总数。因为它在所有动物中是最多的。[①]

人脑拥有数量最多的神经元，它们赋予了人类许多了不起的功能（表5-1）。

表5-1　人脑的功能[②]

部位/系统	细分	功能
脑干	——	负责呼吸、心跳和血压在内的许多维系生命的功能
	——	调节视觉、听觉、睡眠、饮食、面部表情和运动等
小脑	——	负责适当移动、保持平衡、摆出姿势和动作协调的能力
边缘系统	杏仁核	负责身体对情感、记忆、恐惧以及认知的反应
	海马	负责将暂时记忆转变为长时记忆并储存于脑中，它在基于知识和经验的长时记忆存储中起着重要作用，对程序性记忆（例如如何行走）则作用不大
		有助于人们分析和记忆空间关系、进行精细运动
	下丘脑	控制情绪、口渴、饥饿感和体温以及全身激素反应
	丘脑	有助于控制注意广度，掌控感觉（例如疼痛）
大脑	——	负责视、听、嗅、味、触五种感觉
	——	理解和建构言语及语言
	——	生理和性的成熟
	——	运动、力比多及激素等
	——	高水平功能：抽象思维、创造力、判断及一部分情感

但与此同时，大脑还有两大缺陷：

---

① ［英］亚历克西斯·威利特、珍妮佛·巴内特著，颜雅琴、谢晴译：《我们的脑子够用吗》，江苏凤凰文艺出版社，2020年版，第20-23页。
② ［英］亚历克西斯·威利特、珍妮佛·巴内特著，颜雅琴、谢晴译：《我们的脑子够用吗》，江苏凤凰文艺出版社，2020年版，第30-31页。

一是庞大的脑就需要一个庞大的颅骨来容纳它。而直立行走意味着人类妇女的骨盆必须变窄,因此生产时留给婴儿头颅的空间十分有限。长期进化的结果就是,相比其他哺乳动物,人类婴儿大约提前出生6个月。此时的脑发育不良,尺寸仅为成年后的25%左右。刚出生的黑猩猩宝宝的脑大约是成年个体的50%,其他灵长类则接近75%。人脑的大部分发育过程是在脱离子宫后完成,使得人脑拥有其他动物都不具备的认知能力和生存发展机会。

二是消耗能量极大。人脑的重量约1.5千克,占体重的2%~2.3%,却需要身体全部能量的20%来维持大脑运转,这一比例远远高于其他许多动物。这使得人类在寻找食物上花的时间更多,供给骨骼肌的能量逐渐减少,导致人类运动能力随之下降。因此,人脑的强大功能,是人类在演化过程中与生存环境互动的结果,又作为人类特有的力量或优势来推动演化。但与此同时,大脑对能量的消耗巨大,以至于大脑对能量的消耗导致供给骨骼肌的能量减少,人类运动能力下降。人类演化一方面依赖于大脑的进化,同时又以其他能力的丧失为代价而被大脑绑架。人类只能继续在大脑这个演化战车上狂奔。

因为消耗巨大能量,为了维持生存,我们的身体必须对大脑的运转加以控制。大脑每秒最多只能处理2000比特信息量,每秒钟实际接收到的信息量却有200万比特,大脑能处理的信息量只占所接收到信息的0.1%。大脑的认知盲区要远远大于所产生的已知认知。

大脑认知盲区所带来的这种局限也就限制了人类的思考空间。只要用大脑一思考,你就只能一直处在这个局限里。大脑其实就是一台二元模式的计算机,它只能以一种方式思考,那就是联想和比较,它只能以是或者不是、黑或者白、好或者坏、喜欢或者不喜欢这样的底层逻辑来思考。因此,我们收到任何一个信息的第一反应是,先给它贴个标签——是喜欢还是厌恶?是认同还是反抗?是相信还是不相信?好还是坏?善或者恶?始终跳不出这种二元思维模型。如果能跳出大脑的这种二元思维模型,进入极致的安静,专注无为的状态,就会找到直觉和灵感,获得更多的智慧,这非常人所能为,只有少数的天才和伟人才能达到的境界。

因此，让人类演化加快、给人类带来文明的大脑，却因自己的缺陷同时也给人类带来了局限，让人类的认知和行为边界受限，让人类在思维的模式局限中受困。这也体现了老子所谓"负阴抱阳""有无相生，难易相成，长短相较，高下相倾，音声相和，前后相随"以及"福祸相依"等阴阳互转的思想。大脑，既是人类演化的推动力却又最终成为障碍，大脑依靠更大的能量消耗，但不能一味地消耗能量不断变大。一方面是消耗能量，属阳的生发，另一方面又不能一味消耗能量，要保存能量，属阴的收藏，一阴一阳之谓道，推动力和阻力，也是一阴一阳，也体现大道（图5-3）。

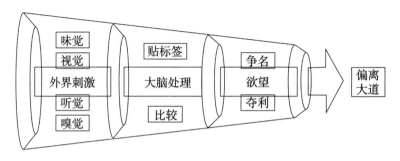

图5-3　人偏离"道"的过程

第三节　欲望系统的形成与解除

要想回归大道，首先要做到"无欲"，"无欲"才能清静，才能不争，才能"无为"（不违背大道的妄为），才能实现"无不为"（在大道之内没有什么是不能做的）。

那么，在一个人的成长过程中，欲望是如何形成的？怎样才能做到少私寡欲，最终实现"无欲无为"并"无不为"呢？

一、人的欲望是如何形成的

对于欲望的形成,第37章说:"万物将自化,化而欲作。"认为万物是在按自身规律正常发展、自生自长时产生了贪欲。人类的贪欲到底是怎么一步步生长出来的?

从上文人类大脑结构中,我们可以探寻答案。

1. 基于知识和经验的长时记忆催生欲望

海马体(hippocampus),又名海马回、海马区、大脑海马,位于大脑丘脑和内侧颞叶之间,属于边缘系统的一部分,主要负责短时记忆的存储转换和定向等功能。

海马同环境背景记忆有关,海马在事件发生的环境背景及细节内容的记忆中也起着非常重要的作用,对新近发生的事件,包括很多细节的记忆,一般都由海马来完成。海马在将短时记忆进行巩固进而转换成长时记忆中起着重要的作用,在记忆巩固的过程中,长时增强作用扮演着重要的角色。长时增强作用,又称长期增益效应(long-term potentiation,LTP),是发生在两个神经元信号传输中的一种持久的增强现象,能够同步的刺激两个神经元。由于记忆被认为是由突触强度的改变来编码的,LTP被普遍视为构成学习与记忆基础的主要分子机制之一。

有了长时记忆,人类逐渐形成了自己的知识和经验,形成了对周围事物的认知积累。比如,哪种食物吃起来香甜、哪种辛辣、哪种既可以吃还有治疗效果等。对周围事物的感觉变成了知识和经验,形成自己的长时记忆,从而想去追求更多自己喜欢的东西。欲望由此萌芽。

人在幼儿时期,对各种事物好奇,拿起来放到嘴里,就是利用感官接触形成感觉,并让感觉逐渐形成自己的知识、经验。比如尝到甜水,就要喝更多。一旦喝了口感更好的饮料,就要缠着大人给他买。这就是欲望的形成和萌芽期。

2. 抽象思维能力让欲望成长

海马体,还不是人类的专利,而是为很多哺乳类动物所共有。但抽象思维能力则毫无疑问为人类所独享。

抽象思维,是人们在认识事物的过程中借助于概念、判断、推理等思维形式和比较、分析、综合、抽象、概括等思维方法,能动地反映客观现实的理性认识过程。只有经过逻辑思维,人们对事物的认识才能达到对具体对象背后本质规律的把握,进而认识客观世界。它是人的认识的高级阶段,即理性认识阶段。由此,人类产生了原始哲学。

利用抽象思维,人们以自己的价值导向形成判断和概念,为看到的事物贴上标签——哪些是美的,哪些是丑的,哪些是好玩的,哪些是不好的,等等,并以此为标准去追求更多自己喜欢的。除此之外,人们还会进行比较,为什么别人有而我没有,为什么以前有而现在没有,未来想要更多、更好的该怎么办,逐渐形成攀比,追求更多、更好。欲望,由此不断成长、壮大。

在儿童及青少年时期,一个人除了形成自己的价值判断和个人喜好,还会受到周围生活环境的影响,在个人与环境的互动中,欲望长大并塑造成型。

3. 语言文化让欲望扩散并形成牢固的系统

尤瓦尔·赫拉利在《人类简史》中提到人类的语言时说:

人类语言最独特的功能,不在于能够传达信息,而是能够传达一些根本不存在的信息,能够"讨论虚构的事物"。"虚构"的重点不在于让人类能够拥有想象,更重要的是可以一起想象,编织出共同的虚构故事,传说、神话以及宗教应运而生。

这样的虚构故事赋予智人前所未有的能力,让他们得以集结大批人力、灵活合作,而且能和陌生人合作。

语言,让人类生存和发展的欲望在更大规模上放大。而有了文字之后,不仅让语言信息传递得更远,也让少数人的物质和名利欲望堂而皇之地上升为国家意志,更让这种欲望可以穿越时间的藩篱,代代相传,成为几代人乃至几十代人共同追求的目标。

人类的欲望由此被无限放大。人类陷入了自己的欲望中难以自拔,逐渐忽略了在人类的视野之外、在欲望系统之外,还有一个更大(具有无限时空延展性)的、自己不能左右的世界,以及背后掌控那个更大世界的力量,这种力量,也就是老子所说的"道"。

一个人,走向社会之后,会被组织分工和身份、角色等社会系统以及由此形成的价值观念牢牢锁定,形成自己的发展通道。欲望也顺着这个通道不断放大,并把人控制得越来越紧。

长时记忆的知识、经验催生欲望,抽象思维的判断、推理、比较助推欲望,语言、文字以及文化价值理念放大欲望,这样三层形成了一个人的欲望系统,一个人就这样被欲望系统牢牢控制,一个无限宽广、自由驰骋的灵魂被欲望的牢笼所束缚(图5-4)。

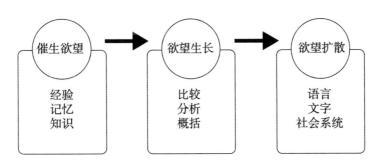

图5-4　欲望系统形成过程

人就是这样一个充满矛盾的阴阳平衡体。既有自由的灵魂,让人有远大理想,有诗和远方,让人为了远大的理想而同心同德、前仆后继;又有欲望的牢笼,让一个自由的灵魂困在现实的苟且之中、困在私利私欲的喜与悲之中。人生的不同阶段,都是心灵与欲望的博弈,在平衡中打破,在打破中重建。要么就是欲望战胜心灵,是一次灵魂的跌落,人生就会经历一次倒退或进入漫长的低谷。要么心灵战胜欲望，实现心灵的升华，人生就会经历一次提升，上到新的台阶。

在儿童时期，在没有外界干预的情况下，如果探索世界、学习新知的动力大于对好吃的、好玩的东西的欲望，就会表现出强大的求知欲，喜欢探索新事物，喜欢学习。相反，则会表现出好吃懒做、贪玩、沉湎于游戏等，对学习则不感兴趣。儿童时期心智还没有发育成熟，更容易受到外界诱惑的刺激。这个时候父母或监护人给孩子创造的环境，以及对孩子的干预、管教等，对孩子的身心健康就显得尤为重要。

进入大学，人生面临又一次的选择，更多的是自主的选择。是选择工资高、工作环境好、让人羡慕的大公司，还是选择自己想做又解决社会问题乃至全人类问题的工作，是围绕自己的私欲私利还是胸怀天下、理想远大，将决定一个人的格局和长远发展。

踏入社会，在环境波动及行业整合中，一个人时时刻刻想着钻营发财，想着如何去钻空子、找关系、借风口、赚快钱，只关注眼前、身边的利益，最终的结果就是整天在这些事中奔波忙碌，陷入这个物欲世俗的系统中而难以自拔。随着大环境的潮起潮落而起起伏伏。潮起，自己也是个跟随者，享受不到真正的红利。潮落，自己是个后来者，成为那个最后传递接力棒的人。这样，大部分时间都在扮演跟随者和淘汰者的角色，人生要么停滞要么倒退。相反，同样是这样的环境，如果一个人在自己擅长和社会需要中间找到交叉点，锚定方向，明确使命，一颗匠心，坚持不懈，雷打不动，潮来，勇立潮头享受红利，潮去，根深蒂固稳如泰山。这两种，都是成功的状态。

二、老子对欲望的论述

"欲"字形体最早见于战国文字资料，但西周文献如《诗经》已较常见"欲"字。《诗经·大雅·民劳》有"王欲玉女，是用大谏"。西周金文虽然不见欲字，但用谷表达欲望之"欲"，如师询簋铭文："率以乃友敦敌（捍卫）王身，谷（欲）女（汝，你）弗以乃辟（君王）函于艰。"

用谷为欲,也许是清代文字学家段玉裁所说的取虚受之义,段玉裁认为山谷空虚,可以纳物,从而以之象征欲望。所以"欲"字实际上是一个形声字兼会意字。古人认为欲望的一切根源在于"心",为了强化欲望源于心理,后来也有加心字底写作"慾"的。

《礼·曲礼》:"欲不可从。疏:心所贪爱为欲。"

《说文》:"贪欲也。从欠谷声。徐曰:欲者,贪欲。欲之言续也。贪而不已,於文欠谷为欲。欠者开口也。谷,欲声。"

《礼·乐记》:"人生而静,天之性也。感于物而动,性之欲也。"

《道德经》全文共出现"欲"字26处,其中,除了第1、15、29、36、39、61、66、77章的"欲"意思为"想要"之外,其他都是对"欲望"的描述及其看法。概括起来有以下几层意思:

1. 欲望属"私"

第19章说"见素抱朴,少私寡欲","私"与"欲"并列,"少私"才能"寡欲"。第34章说"衣养万物而不为主,常无欲",养育万物却并不认为自己是万物的主人,这里的"欲"就是私欲,一直没有自己的私欲,这才是大道。第64章说"是以圣人欲不欲,不贵难得之货",结合下文"学不学,复众人之所过"可知,"欲不欲"的意思是追求别人所不追求的,相对于圣人,一般人追求的是私欲,而圣人追求的不是私欲。这与前面第34章描述"道"是说"衣养万物而不为主,常无欲"是一致的。

2. 欲望来自感官

第12章说:"五色令人目盲,五音令人耳聋,五味令人口爽,驰骋畋(tián)猎令人心发狂,难得之货令人行妨。是以圣人为腹不为目,故去彼取此。"

全文虽然没有一个"欲"字,但毫无疑问说的就是欲望。这一章,老子是用直白甚至严厉的口气,警告人类:感官体验激发欲望,而欲望让人丧心病狂。

眼睛的本来功能是看东西,但美景、美色让人不断去追求更美的东西,选择性注意形成记忆,长时记忆又不断强化对美的东西的追求。长期下去,看东西、观察周围环境的变化及危险,这种原本的功能就丧失了。

同样的,听好听的音乐,吃好吃的美食,都让我们的感官在不断的刺激中出现选择性偏好,同时也出现选择性忽略,因为我们能调动的能量是有限的,我们能处理的信息量也是有限的。比如,好吃的美食,在刺激着我们的味蕾,逐渐地使我们的味蕾失去敏感度,还会伤及脾胃,脾胃受伤让我们对日常饮食没有胃口,又迫使我们去追求更好吃的东西。逐渐的,嘴巴用来吃饭、补充能量的功能消失了,反而成了追逐美食、满足更大食欲的工具。

3. 欲望的危害是"心发狂"和"行妨"

对于欲望的危害,老子的结论是"心发狂"和"行妨"。

第 12 章说"驰骋畋猎令人心发狂",第 3 章说"不见可欲,使民心不乱",第 37 章说"不欲以静,天下将自定",可以推导出"欲而不静",这些都是说欲望让人心乱、心不静。为什么?因为,一方面,人有长时记忆,长时记忆形成知识、经验,知识经验为感官刺激所捕获而去追逐更美好的东西,这样满足欲望的人就不淡定了,心不静了,想要更多、更好地满足欲望。另一方面,人有比较、对比的抽象思维,为什么他可以吃到美食、拥有绝代佳人而我不能?为什么他能拥有稀世珍宝等"难得之货",而我没有?启动了比较,欲望得不到满足的人就不淡定了,心不静了,就有了羡慕、嫉妒、恨。

为什么欲望会让人"行妨",也就是日常行为受到妨碍?这里有两层含义:一是自己的心发狂了,正常的"行"、健全的行、顺道的"行"被自己的欲望冲击而跑偏,变成了被欲望锁定、捆绑的"行",变成了偏离自然大"道"的行。二是自己被欲望锁定、捆绑的"行",也会受到他人的干扰或竞争。因为,你的欲望被满足,激发了他人去追逐同样的欲望,别人对你由羡慕变成嫉妒甚至是憎恨,把你当成竞争对手,当他的欲望无法满足时就会想方设法让你的欲望也得不到满足,就会人为设置障碍。因此,一旦启动欲望,你的"行",最终都会受到阻碍,要么是来自自己的,要么是来自他人的。

4.追逐欲望是最大的罪恶

第46章说:"祸莫大于不知足,咎莫大于欲得。"《说文解字》说"咎,灾也",《周易·系辞》说"无咎者,善补过也",意为过失、罪过。那么,这一句的意思是说,最大的灾祸莫过于不知满足,最大的过失或灾祸莫过于欲望得到满足。

这欲望得到满足和不知满足,是最大的过失和灾祸。欲望得到满足了,却激发更大的不知足,不知足就追求满足,满足之后产生更多的不满足,这样就形成了单向道的死循环,把人带入"生生之厚"的死地。因此,放纵欲望、追逐欲望,就是最大的过失和祸害。

综合以上,欲望的属性是"贪"和"私","贪"是所追求的已经远远超过原本需求的,"私"是围绕自己小范围的利益,追求私利最大化。欲望的来源在于感官体验,并经过理性思维的对比、比较而扩散、放大,欲望的危害在于让人心发狂、行妨,追逐欲望是最大的过失和灾害(图5-5)。

图5-5 《道德经》对欲望的描述

三、该怎样突破欲望系统的封锁

无欲,才能清静,清静才是天下正,才能实现"无为""无不为",才能不争、善建善抱。因此,要想从离"道"回归"道",实现顺道而为,就必须打破欲望系统的封锁,从欲望系统中解放出来。

到底该怎样实现无欲? 怎样才能打破欲望系统的封锁?

1.老子的解决方案——回归原点,不忘初心

对此,老子给出的解决方案是:"镇之以无名之朴。无名之朴,夫亦将无欲。"做到"见素抱朴"就能实现"少私寡欲"。

第 37 章说:"道常无为而无不为,侯王若能守之,万物将自化。化而欲作,吾将镇之以无名之朴。镇之以无名之朴,夫将无欲。不欲以静,天下将自定。"其中,"无名之朴"已经成为成语,通用的解释是指道家指质朴自然、玄默无为之"道",或为道的朴素原始之性。但似乎没有说明白,到底什么是"无名之朴"?什么是"见素抱朴"?

对于这一章,王弼《道德经注》给出的解释是:"道常无为,顺自然也。而无不为,万物无不由为以治以成之也。化而欲作,作欲成也。吾将镇之无名之朴,不为主也。"无所作为就是顺从自然规律。没有做不到的,万物都由道的作用而形成。变化而要有所作为,有所作为还要有所成就。我将用无名的原木来镇住它,而不以自己的力量,所以说不为主。王弼强调的是,"无名之朴"不是自己的力量,那么究竟是一种什么力量? 似乎还是不太明白。

苏辙《老子解》对这一章的解释是:

无所不为,而无为之之意耳。圣人以无为化物,化之始于无为而为,而渐至于作。譬如婴儿之长,人伪日起,故三代之衰,人情之变日以益甚。方其欲作,而上之人与天下皆靡,故其变至有不可胜言者。

苟其方作而不为之动,终以无名之朴镇之,庶几可得而止也。圣人中无抱朴之念,外无抱朴之迹,故朴全而用大。苟欲朴之心尚存于胸中,则失之远矣。

翻译过来就是:无所不为就是没有作为的动机。圣人以无所作为来使万物变化发展,变化开始于没有作为,逐渐有了想法、动机,而后有了行动。就像一个人的成长,婴儿时纯真自然,随着年龄的增长,欲望增多,虚伪与日俱增。从历史上看,尧舜禹三代之后美好品德衰微,人情变化就越来越严重了。当要有所作为的时候,领袖阶层和百姓都受到不同程度的不良影响,所以这种变化有不可言说的一面。

如果这种趋势刚开始而不被它影响,然后以原本简单、朴素的品质来镇住它,就差不多能够终止这种势头了。圣人心中没有抱持朴素、简单的意念,在外也没有抱持朴素、简单的行动,所以对圣人而言,原木般的朴素、简单的性质才能完全具备并发挥重大的作用。如果抱持朴素、简单的心思还在,那还差得很远呢。

苏辙对这一章剖析得比较全面,他认为"无名之朴"是万物刚开始演化之时简单、朴素的品质。

老子在开篇第 1 章中说:"无,名天地之始;有,名万物之母。故,常无欲,以观其妙;常有欲,以观其徼。"这里,也出现了无名,可以为我们寻找"无名之朴"的含义提供线索。在人类的命名乃至人类出现之前,在天地刚刚出现的时候,"道"就存在,那个时候,当然没有人的贪欲,万物发展的初期,刚萌芽,还很微弱。这个状态,就是万物演化的起点和原点。我们常说"走得再远,别忘了从哪里出发""不忘初心",这个出发的地方和初心,就是一种无名之朴,就是原点思维,就是要剥离掉后来出现的各种想法、欲望,回到本初的状态。

从这一点,我们再回头看第 12 章说的"五色令人目盲,五音令人耳聋,五味令人口爽",就更容易明白了。眼睛、耳朵,本质上就是感觉器官,原本的功能就是用来看和听,因此感知周围环境变化,是否存在危险,以便我们能够做出快速反应的。眼睛和耳朵的感知敏锐度,才是最基本的功能,如果一味追求好看、好听的,反而把看到的和听到的范围缩小到了美景、美人和美妙的音乐上面,丧失了对整体环境的感知这一最原始、最基本的功能。因此,要摆脱欲望,就让眼睛和耳朵回归到环境感知这一基本功能。同样,嘴巴本来的功能是进食,但美食的刺激让味觉麻木,让食欲下降,反而是违背了这一基本功能。因此,也要让嘴巴回归到吃饭的功能,回归到满足身体营养需要这一最本质的功能。

另外,根据"见素抱朴",我们从"朴素"一词的含义中也能得到上述含义的印证。"朴"为专一,"素"为纯粹。朴素,即专一纯粹,是天下至纯至精、至简至美之道,有"质朴、俭朴、不奢侈"之意。最早见于《庄子·天道》:"静而圣,动而王,无为也而尊,朴素而天下莫能与之争美。"成玄英疏:"夫淳朴素质,无为虚静者,实万物之根本也。"

《淮南子·原道训》:"所谓天者,纯粹朴素,质直皓白,未始有与杂糅者也。"

范仲淹《蒙以养正赋》:"是以不伐其善,闷耀其能,惟朴素而是守,又潜哲而曷矜。"

《周书·文帝纪下》:"性好朴素,不尚虚饰。"

《三国志·吴志·陆凯传》:"先帝笃尚朴素,服不纯丽,宫无高台,物不雕饰。"

宋文莹《玉壶清话》卷四:"公(谢泌)深慕虚无,朴素恬简。"

不虚饰、不奢侈,纯粹而专一,不附加更多追求,就是一种初心,就是回归原点。

2. 直击欲望本质

还可以从欲望的两大属性"贪"和"私"入手,去对抗欲望。

戒贪,斩断欲望的单向度演化通道。如前文所述,欲望满足,产生更大的不知足,更大的不知足带来更大的欲望,由此进入了欲望的单向度发展通道。知足,就是在欲望得到满足时,不让欲望生长,截断欲望演化通道。比如享受一顿美食,就把它当作一个当下的小幸福,心满意足,戒掉嘴瘾,让注意力转移到其他快乐的事情上去。

戒私,放大格局,拓宽视野。老子在《道德经》开篇说:"常无欲,以观其妙;常有欲,以观其徼。"在这里,出现了《道德经》中唯一的"有欲",全篇都是在说"无欲",对欲望要"镇之以无名之朴",这里却出现了"有欲",为什么?

对于"常无欲以观其妙,常有欲以观其徼"这句话,有两种读法和见解:

一种是"常无,欲以观其妙;常有,欲以观其徼"。

意为,常无,意欲观察其深渊高妙。常有,意欲观察其所归趋。徼,通"侥",边际的意思。我们要想更好地理解一个事物,必须要从常无的境界中体悟它的本源和本体,如要想更透彻精辟,则需要在常有之中领悟它的无边无际。

另一种是"常无欲,以观其妙;常有欲,以观其徼"。

意为，常没有欲（欲可理解为人的情欲和志欲），才能观察到其至妙处。常有欲，才能观察到其规律及目的。人要想观察到事物的微小奥妙，就不要带着自己的欲望，而要发现事物的宏达和边界，就要带上自己的欲望。

笔者个人比较认可王弼在《道德经注》中给出的解释：

妙者，微之极也。万物始于微而后成，始于无而后生。故常无欲空虚，可以观其始物之妙。徼，归终也。凡有之为利，必以无为用；欲之所本，适道而后济。故常有欲，可以观其终物之徼也。

翻译过来就是：妙，就是事物最微小的单位。万物都是由这些极微小的东西构成的，要经历从无到有、从小到大的过程。所以没有欲望、没有杂念就能观察到构成物体的微小物质。徼，是事物的归属和终点。凡是存在物具备了被使用的物质基础的，必须由一种非存在物使它与其他事物发生关系从而产生作用。欲望只有适于道才能得到满足，或者可以说欲就是道实现自我的一种形式、趋势。所以常有欲望，可以以它来观察事物发展终末的形态。

在事物发展的初期，会很微小，比如一粒种子刚刚萌发，很难想象有朝一日它会长成一棵参天大树。明朝开国皇帝朱元璋，童年极其悲惨，做过乞丐、和尚，很难想到以后会打出一个天下，建立一个王朝。虽然我们常说"星星之火，可以燎原"，但又有几个人真的相信眼前的"星星之火"可以形成"燎原之势"？又有几个人能放空自己、摒弃偏见，不会轻易否定"道"的发展演化？因此，在"道"的无名之始，没有人，更没有人的欲望，无欲是一种常态。有了人之后，我们看待万事万物的萌发状态，也不要心存欲念，用自己的思维定式去看待事物的发展未来。

而要看到事物发展的边界或终极，要认识"道"的宏大和边界，发现无形的本质、规律，需要探索道、悟道再到坚持不懈的行道，这期间，如果没有坚强的信念，做不到善建善抱、不抛弃不放弃，是不可能做到的。

因此,如果我们的欲望不属"私",而是属"道",那就是道实现的形式,而不是自己的贪欲。而"道"最重要的属性就是"大",无边无际、无始无终。因此,我们要想去除贪欲,就要摒弃私心,少谋私利,多谋国家、民族、人类的大利,多站在大道上立身行事,就会做到少私寡欲,就是在回归大道。

3.破解欲望生长系统

如前文所述,一个人从婴儿到儿童、青少年、中年、老年,会被欲望系统锁定,这个欲望系统就是:来自自己的知识经验系统和理性思维系统,以及来自外部社会的价值观系统。因此,要想突破欲望封锁,就要破解上面这个欲望系统。

(1)从世俗价值观中解锁,做到"欲不欲"

第64章说:"是以圣人欲不欲,不贵难得之货。学不学,复众人之所过。"所谓的"欲不欲""学不学",就是追求别人所不追求的,学习别人所不学习的。有道的圣人也有欲望,只是圣人的欲望非常人所追求的,脱离了一般人的价值观,而有了更高的追求。

在现代社会,有很多人追求快速成功,追求名和利,希望一夜成名、一夜暴富,很多商家希望打造爆品,追求风口。这就是世俗社会的价值观,而行道的智者,脱离了这些世俗价值观的束缚,追求的不是一般人所追求的这些东西,圣人的欲望是围绕"道"的,围绕国家乃至人类的未来命运。

另外,现代商业社会构建了强大的需求、欲望系统。一方面,商业社会在创建激发需求。不同年龄阶段、不同场景都被商业文化激发出各种细分需求。以衣食住行为例,"衣"已经被细分成了睡觉时穿的睡衣,居家时穿的居家服,运动时穿的运动服,工作时穿的职业装,重大场合穿的礼服,等等。另一方面,商业社会也在强化着人们的欲望。商业的根基在于需求,而需求的产生很大一部分来自欲望。一件原本用来遮体避寒的衣服,商家在品牌宣传时赋予其个性、风格,从物的品质上升到让人羡慕、追捧的品位、气质,对物品附加的精神,提高了商品的附加值,但也助推了人们的攀比之风,塑造着商业社会独有而强大的欲望系统。一辆车子,一栋房子,一个包,一瓶酒,不仅是在传递着生活品质,更传递着欲望。商业文化的不断累积叠加,逐渐塑造出一个物欲横流的社会(图5-6)。

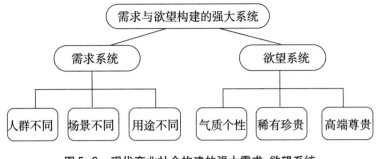

图5-6　现代商业社会构建的强大需求、欲望系统

　　现代社会,物欲是如此的强大,以至于一个拥有高贵、自由灵魂的人,逐渐为物所困,一生追寻的是获得更多更好的物质,继而成为物的奴隶。在世俗人的眼里,物具有了人的品性,而人却具有了物性,人和车子、房子一样成了工具,而不是一个有血有肉有灵魂的活生生的人(图5-7)。

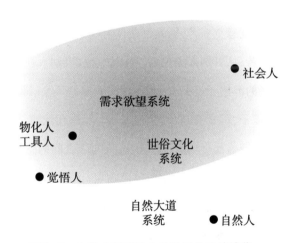

图5-7　自然人逐渐被人为设置的系统捕获

　　想从物欲横流、欲望重重的现代社会,突破欲望系统的封锁变得非常困难。不仅要突破自己,更要摆脱世俗价值观,甚至逃离高度分工协作的生存系统。这是一个很大的挑战,但正因为是很大的挑战,也是很大的竞争力。做到了,就会

甩开绝大部分人,真正实现"不争"。

(2)从理性思维中解锁,做到不对比、不攀比

圣人"不贵难得之货",不看重稀罕之物,别人拥有我也不羡慕,不对比,不攀比。众人眼里的珍贵、稀有之物,也是很多人争相攀比、努力拥有的东西,但在圣人眼里却不是贵重的。本质上说,就是要社会世俗价值观中解锁,保持自己独立的看法,大家都认为贵重的东西,自己要看淡,要有自己的追求。

在现代社会,太多的人被世俗的物欲观念、价值观念所绑定,攀比、跟风盛行。在高度发达的商业社会,市场不断细分。在长期商业文化的熏染下,整个人的一生,都是在攀比、竞争中度过。从怀孕吃什么营养保健品,去哪里生孩子、坐月子,孩子上的什么幼儿园、中学、大学,毕业后到哪里就业,工资多少,职位高低,结婚是否有房有车,什么样的房什么样的车,等等,都是在互相攀比、竞争。攀比、竞争的结果就会带来扭曲的心理和无尽的痛苦。自己比别人强,就感觉高人一头,得到别人的奉承、夸赞,自己的欲望就会"再上层楼",还想着追求更好的。自己不如别人,就感觉痛苦,别人也在自觉或不自觉中流露出怠慢、冷落,这又加重了自己的痛苦,从对别人的羡慕,到嫉妒、恨,恨别人强,恨自己弱,进而激发出努力得到更多的欲望。很多人感慨,现在的家庭聚会、同学聚会,更多的是在攀比,不管是聊孩子、聊事业或聊房子、车子,都是在炫耀,亲情、友情日渐寡淡,聚会原本具有的情感社交功能日渐弱化,人与人之间的感情也变得淡薄了。

社会世俗价值观,形成了强大的"内卷"效应,把更多的人卷入其中,人们在这个逻辑系统内相互竞争,最后搞得大家都很疲倦,也都很难突破、发展。因此,要实现更大的发展,必须突破社会世俗观念的封锁,找到自己的方向,形成自己的价值判断,追求自己的梦想。

(3)从知识经验中解锁,做到不僵化、不我执

在《道德经》全文中,有一个字也反复出现,那就是"执",一共出现 11 次。

"执"最早见于商代甲骨文。"执"的古字形,像是用刑具将一个人的双手铐住。此字本义指捕捉、捉拿,由本义引申为握着、拿着,如执笔;又引申为掌管、从

事、施行;后借指坚持己见,如固执。

在《道德经》中,有三处"执"和三处"无执"。

三处"执",其中,一处是第14章说"执古之道,以御今之有,能知古始,是谓道纪",一处是第35章说"执大象,天下往",还有一处是第79章说"是以圣人执左契,而不责于人"。这三处"执",都有"握着、拿着、手持"之意,只不过前两个"执"的对象是"古之道"和"大象",第三处为具体的物件"左契"(债权人所持的契约,古代以竹木简为契约,分左右两片,债权人执左片,故称左契)。"执古之道,以御今之有",是说用太初大道来观察、对待今天"道"的运行,即以古道为今用。"执大象,天下往",王弼《道德经注》解释为:"大象,天象之母也。不炎不寒,不温不凉,故能包统万物,无所犯伤。主若执之,则天下往也。"一个人如果手握道的"大象",掌握道的运行路线图,天下万事万物就会向他归顺。

三处"无执",其中有两处是在第29章和第64章重复出现的"为者败之,执者失之。是以圣人无为,故无败;无执,故无失"。另一处是在第69章说:"是谓行无行,攘无臂,扔无敌,执无兵。"

有人认为,第29章和第64章重复出现的"为者败之,执者失之。是以圣人无为,故无败;无执,故无失"是《道德经》在传抄中出现的错误。但同样的内容放在不同章节中,也说得通,且说的是不同方面。

第29章是对圣人即有道的统治者说的,说的内容是治理国家。"天下神器,不可为也,不可执也。为者败之,执者失之。是以圣人无为,故无败;无执,故无失。"意思是,"天下"是神圣的东西,不能凭自己的主观意愿采用强制的办法,不能加以把持。用强力施为的,一定会失败;用强力加以把持的一定会失去。由于圣人不妄为,所以不会失败;不把持,所以不会失去。居上位的统治者,不能把主观意愿和个人欲念强加在国家治理上,如果一意孤行就会失去天下。

第64章是对居下位的"民"即平民百姓说的,说的内容是行为处事。"合抱之木,生于毫末;九层之台,起于累土;千里之行,始于足下。为者败之,执者失之。是以圣人无为,故无败;无执,故无失。民之从事,常于几成而败之。慎终如始,则无败事。"说的是,合抱的大树,生长于细小的根芽;九层的高台,筑起于每一堆泥土;千里的远行,是从脚下举步开始走出来的。主观妄为的将会招致失败,强行把持的一定会失去。因此有道的人无所作为也不会招致失败,无所执着也不会遭受损失。人们做事情,总是在快要成功时遭受失败,所以当事情快要完成的时候,也要像开始时那样慎重,就没有办不成的事。作为平民百姓,日常做事要善始善终,要遵从事物的发展规律一步步去做,不可急于求成、拔苗助长,不要随着自己的心劲和欲望肆意妄为,如果那样就会导致失败,即使快成功了,最后也仍会失败。

人要顺应"大道",秉持古道、大象,按照"道"的运行规律做事,而不能依照自己的想法肆意妄为,居上位的统治者不能以自己的执念来治理天下,居下位的平民百姓不能以自己的执念来做事情。而自己的执念、意愿,就来自于长时记忆的知识和经验。要做到"无执"(准确说是"无我执"),就要从自己已有的知识、经验中走出来,从自己的眼观耳听的亲身感受中走出来,用一句现代的话叫"走出舒适区",保持开放、学习的心态,给自己留出迭代升级的通道。因为,舒适区本身就是一种快感,会催生出一种欲望——拥有并放大这种快感。

思维导图

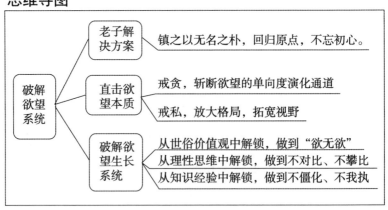

综上,人生就是一个欲望生长并形成枷锁、系统锁定的过程。从知识经验到攀比评判,再到受到世俗文化的捕获、熏染,一个淳然的婴儿最终发展成为一个

油腻腻的世俗人,一个纯粹朴素、自由驰骋的心灵不见了,成长为一个利欲熏心、贪念滋长的欲望系统,并在传播、感染着更多的人。要想解除欲望的枷锁,就要做到老子所说的"无名之扑",回归原点、初心,要戒贪、戒私,站在更加宏大的社会乃至人类发展的角度思考,还要破除欲望系统,从世俗观念、理性思维以及知识经验中解锁,做到心灵上的自由、解放。

第四节 修道的进阶,您达到几级了?

突破欲望枷锁,从欲望中解锁,是修道的第一步。

那么,我们该怎么做,才是符合"道"?

一、上德与下德——守住"道"的根本

《道德经》的《德经》开篇第38章,老子谆谆教导我们:

上德不德,是以有德;下德不失德.是以无德。上德无为而无以为;下德无为而有以为。上仁为之而无以为;上义为之而有以为。上礼为之而莫之应,则攘臂而扔之。故失道而后德,失德而后仁,失仁而后义,失义而后礼。夫礼者。忠信之薄而乱之首。前识者,道之华,而愚之始。是以大丈夫处其厚,不居其薄;处其实,不居其华。故去彼取此。

王弼《道德经注》对于本章的解释非常具体、详尽:

德者,得也。常得而无丧,利而无害。故以德为名焉。何以得德? 由乎道也。何以尽德? 以无为用。以无为用,则莫不载也。故物,无焉,则无物不经;有焉,则不足以免其生。是以天地虽广,以无为心;圣王虽大,以虚为主。故曰以复而视,则天地之心见;至日而思之,则先王之至睹也。

故灭其私而无其身，则四海莫不瞻，远近莫不至；殊其己而有其心，则一体不能自全，肌骨不能相容。是以上德之人，唯道是用，不德其德，无执无用，故能有德而无不为。

不求而得，不为而成，故虽有德而无德名也。下德求而得之，为而成之，则立善以治物，故德名有焉。求而得之，必有失焉；为而成之，必有败焉。善名生，则有不善应焉。

故下德为之而有以为也。无以为者，无所偏为也。凡不能无为而为之者，皆下德也，仁义礼节是也。将明德之上下，辄举下德以对上德。

至于无以为，极下德之量，上仁是也。足及于无以为而犹为之焉。为之而无以为，故有为为之患矣。本在无为，母在无名。弃本舍母，而适其子，功虽大焉，必有不济；名虽美焉，伪亦必生。

不能不为而成，不兴而治，则乃为之，故有宏普博施仁爱之者。而爱之无所偏私，故上仁为之而无以为也。

爱不能兼，则有抑抗正真而义理之者。忿枉祐直，助彼攻此，物事而有以心为矣。故上义为之而有以为也。直不能笃，则有游饰修文礼敬之者。尚好修敬，校责往来，则不对之间忿怒生焉。故上礼为之而莫之应，则攘臂而扔之。

夫大之极也，其唯道乎！自此已往，岂足尊哉！故虽德盛业大，富而有万物，犹各得其德，而未能自周也。故天不能为载，地不能为覆，人不能为赡。

万物虽贵，以无为用，不能舍无以为体也。舍无以为体，则失其为大矣，所谓失道而后德也。以无为用，则得其母，故能己不劳焉而物无不理。下此已往，则失用之母。

不能无为，而贵博施；不能博施，而贵正直；不能正直，而贵饰敬。所谓失德而后仁，失仁而后义，失义而后礼也。夫礼也，所始首于忠信不笃，通简不阳，责备于表，机微争制。夫仁义发于内，为之犹伪，况务外饰而可久乎！故夫礼者，忠信之薄而乱之首也。

前识者，前人而识也，即下德之伦也。竭其聪明以为前识，役其智力以营庶事,虽得其情,奸巧弥密,虽丰其誉,愈丧笃实。劳而事昏,务而治秽,虽竭圣智,而民愈害。舍己任物,则无为而泰。守夫素朴,则不顺典制。

耽彼所获,弃此所守。识,道之华而愚之首。故苟得其为功之母,则万物作焉而不辞也,万事存焉而不劳也。用不以形,御不以名,故仁义可显,礼敬可彰也。

夫载之以大道,镇之以无名,则物无所尚,志无所营。各任其贞事,用其诚,则仁德厚焉,行义正焉,礼敬清焉。弃其所载,舍其所生,用其成形,役其聪明,仁则尚焉,义则竞焉,礼则争焉。

故仁德之厚,非用仁之所能也;行义之正,非用义之所成也;礼敬之清,非用礼之所济也。载之以道,统之以母,故显之而无所尚,彰之而无所竞。用夫无名,故名以笃焉;用夫无形,故形以成焉。

守母以存其子,崇本以举其末,则形名俱有而邪不生,大美配天而华不作。故母不可远,本不可失。仁义,母之所生,非可以为母。形器,匠之所成,非可以为匠也。舍其母而用其子,弃其本而适其末,名则有所分,形则有所止。虽极其大,必有不周,虽盛其美,必有患忧。功在为之,岂足处也。

本章内容,倒着读可能更容易理解。

对于"道",老子告诉我们,要"处其厚,不居其薄;处其实,不居其华"。对此王弼解释为"守母以存其子,崇本以举其末",守住母体来保存母体所产生的事物,以崇尚根本来保护其衍生物与次要部分。我们在行"道"的路上,要分清哪些离"道"近、哪些离"道"远,要追求源头、根本,不要被一些表面的浮华迷惑。

前文说,一个人在婴儿期是"合道",与道在一起,然后逐渐离道,步入死地是"背道"。因此,不同的人,修道程度不同,距离"道"的远近也有所不同。一个人,距离"道"的远近程度,或者身上体现"道"的多少程度,就是"德"。王弼认为"德者,得也。常得而无丧,利而无害。故以德为名焉",即"德"是一种收获。经常有收获而不失去,是有利的、没有害处的,所以以"德"字来命名。

简单地衡量一个人身上的"德",就是"上德"和"下德"。

1. 上德

上德具备以下五个特征：

（1）内心："灭其私而无其身"，即没有私心，不考虑自身利益。

（2）动机："不求""不为"，不追求、不积极作为。

（3）自身行为："唯道是用""无我执"，只遵循道的规则，其他什么都不坚持和运用。

（4）外在表现："不德其德"，不表现、不宣扬德。

（5）发展结果："四海莫不瞻，远近莫不至"，天下人都尊敬地、仰视他，都来归附；"不求而得，不为而成"，不追求就能得到，不作为就能完成。因为始终和"道"在一起，而"道"是利而不害的，"道"会让他收获、得到。

2. 下德

下德具备以下四个特征：

（1）动机："求而得之，为而成之"，追求收获、得到，希望通过主动作为而有所成就。

（2）自身行为："为之而有以为也"，有目的地作为、行动。

（3）外在表现：用有目的的作为来影响万物，"立善以治物""德名有焉"，确立善的标准，并以此标准对待周围的事物和行为，供人们学习效仿。他的"德"是明显的，是可以言说、宣扬的。

（4）发展结果：即使获得了，终究有失去的时候；即使成功了，早晚也会有失败的时候；即使获得了善的名声，也会受到不善的影响。因为有了个人私欲，去主动追求有所得，早晚会与"道"偏离，一旦与"道"偏离就会失去、失败，就会受到不善的影响。

思维导图

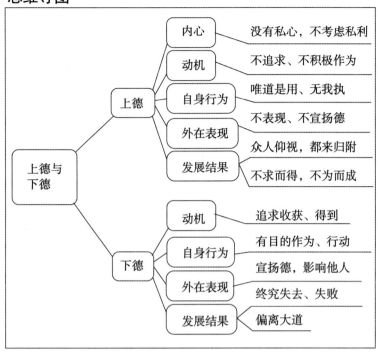

二、仁义礼智——欲望升级与精神降级

"下德"里面又分仁、义、礼、智四个层次(图5-8)。

(1)仁。做不到完全像"道"那样,无所作为就取得成就、不去建设发展就能使国家繁荣稳定。因此,就用无私的"爱"去作为,为大众无私奉献。这样的人,爱是没有偏向,没有自私的动机,无私心意图,不求结果。

(2)义。施与仁爱但不能普遍地兼容并包,就有了片面的认同、夸大正义真理。这样的人厌恶虚伪而护助正直,帮助正直来消除虚伪,沉溺于具体事务而有目的、有动机。所以说上等的正义是勉力施为,目的明确。

(3)礼。当人们不能笃守正直,就靠写文章或是制定礼仪来尊崇正直。崇尚美好、培养尊敬的态度,在这个过程中彼此指责就会产生矛盾,发生不愉快。所以讲礼法的人勉力施为而得不到回应,于是就扬着胳膊强迫人服从。

(4)智。在《道德经》中,我们可以发现,在礼之后,应该还有一个"智"或

"知"(读 zhì,通"智")。《道德经》多次出现对"智"或"知"的排斥或抵制。第 3 章说:"常使民无知无欲,使夫智者不敢为也。"第 10 章说:"爱民活(治)国,能无知(zhì)乎?"第 18 章说:"大道废,有仁义;慧智出,有大伪。"第 19 章说:"绝圣弃智,民利百倍;绝仁弃义,民复孝慈;绝巧弃利,盗贼无有。"第 20 章说:"绝学无忧。"第 81 章说:"善者不辩,辩者不善;知(zhì)者不博,博者不知(zhì)。"大到一个国家的治理,小到一个人的日常行为,老子都反对用"智",甚至把"智"与"巧"相提并论,认为"智"是技巧、计谋,是"大伪",是在玩弄手段、阴谋。

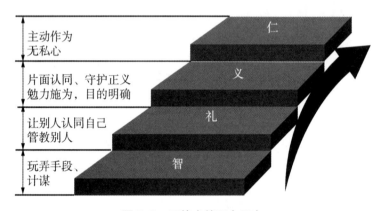

图 5-8　下德中的四个层次

人类在欲望、贪念的驱使下,逐渐与万物演化的自然"大道"偏离了。起初,人类身上体现着"道",少私寡欲、小国寡民的时代,百姓不用辛勤劳作,没有严刑峻法,看起来好像无所作为,一切却井井有条。然后,贪心四起、生存竞争加大,国家统治更加严酷,不能做到无所作为,有德的人重视给人施与和帮助;后来,需要得到帮助的人多了,而有德的人顾不过来,就不能给人很多施与和帮助,就会重视和提倡正直的品行;再然后,很多人不能具备正直的品行,有德的人就去重视礼节和表面的尊敬。这就是老子说的失了德行才会强调仁爱,失了仁爱才会强调正义,失了正义才会讲求礼法。礼仪,开始于人与人之间忠诚与信任的丧失。有了礼仪之后,真正的仁爱正义少了,更多的是出于外部礼仪约束而不得已做出的表现,这样就难免流于虚伪。因此,礼仪是忠信单薄而出现混乱的首要原因。当人们都学会了礼仪,懂得了那些外表的约束规则,就会很好地利用这些法则来掩盖自己内心真实的贪念和欲望,去做表面上帮助别人实则为自己谋私利的事情,会用更多的智谋去钻礼仪规矩的漏洞。因此,"智"出现了,计谋和虚伪出现了。第33章老子用四个字定义了"智",即"知人者智",就是了解人性,小到洞察一个人,大到熟悉人们之间的礼仪规矩,这就是"智"。了解后就会利用,就会为自己谋私利。

人类道德水平的退化,从"道"到"德"到"仁",再到"义""礼"和"智",实际上是算法系统的降级或缩小。世界是由不同的系统构成。宇宙万物演化的大道,是一个大系统,运行的算法逻辑是阴阳相反相成、互转互化。人类演化是一个系统,运行的算法是文化与文明的交替推动。社会发展是一个系统,运行的算法是生产力与生产关系的交替推动。一个人的认知,也是一个系统,是长时记忆(知识经验)与理性思维的交替推动。从大道系统到人类系统,再到一个社会的系统,中间还有小圈层、亚文化的系统,最后再到一个人的认知系统,系统逐渐缩小,私欲逐渐放大,二者成反比关系(图5-9、5-10)。

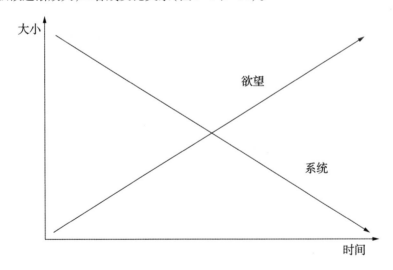

图5-9 欲望的放大与系统的缩小

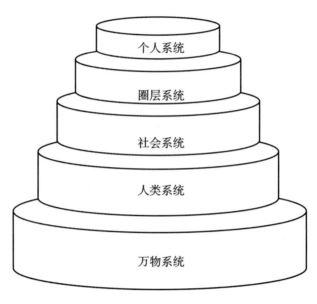

图 5-10　人的算法系统演变

　　一个人的成长也会经历这样一个系统缩小、私欲放大的过程。孩童时代天真无邪,对未来有各种想法,想当科学家、工程师,或者教师,这种角色设想更多的受到周围环境的影响,但孩子眼里的世界是纯粹的,没有高低贵贱之分,没有各种比较、评判。青少年时期,接触的信息开始增多,逐渐有了远大理想,崇拜时代英雄,想走在时代前列,想为国分忧。大学毕业后,面对现实,不得不收起梦想,解决生存、生活问题,找一个好工作,找一个好对象,成家立业。再往后,逐渐被社会系统牢牢锁定,同学之间、同事之间、亲戚朋友之间,相互比较,甚至盲目攀比,私心和贪欲日益滋长。再加上受到巨大社会竞争压力和各种不确定性风险影响,职业波动增多,生活压力增大,人们的不安和焦虑有增无减。这样,在攀比和不安的双重作用下,一个人的欲望增强,焦虑加重,在社会系统和自己的认知系统封锁下,在生存竞争压力的束缚下,只关心柴米油盐或名利前途,眼光只盯着眼前利益和自己的私利,至此,他已经被欲望系统锁死。然后用不断学习,掌握更多的技能,来谋得生存,来化解压力。

　　在现代社会,如果说一个人在 35 岁的时候,前半生是欲望生长并形成系统枷锁的过程,那么,35岁以后就是逐步打破欲望系统、突破欲望系统枷锁的过程。上半生是偏离道,是"德"的降级,后半生则是回归大道,是"德"的升级。这个过程,就是让自己突破知识经验、理性思维构成的自我系统,突破世俗价值观的社会系统,在更大的国家层面、人类发展层面升级构建自己的系统,最终回到宇宙万物演化的大道上来(图5-11)。

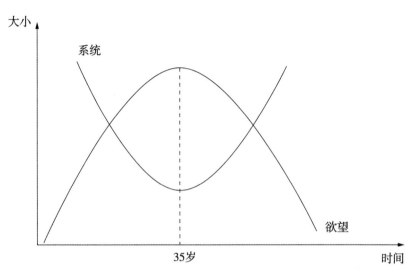

图5-11 人生的欲望与系统

三、处其实——回归底层逻辑

《道德经》第38章说:"前识者,道之华而愚之始。是以大丈夫处其厚,不居其薄;处其实,不居其华。"王弼在《道德经注》中描述"前识者"为:"前识者,前人而识也,即下德之伦也。竭其聪明以为前识,役其智力以营庶事,虽得其情,奸巧弥密,虽丰其誉,愈丧笃实。劳而事昏,务而治秽,虽竭圣智,而民愈害。"意思是,发挥聪明来先于别人认识,耗费智力来处理日常事务,虽然了解了事情,但实际上还有许多奸诈、虚伪夹杂其中,虽然享有盛誉,但却失去了更多真实。越劳累事情就越没有条理,越繁忙治理却越易疏忽,竭尽了智谋,人民却受到更大损害。

概括一下，"前识者"有4个特点：学识渊博、用智做事、积极努力、忙碌奔波。这样的人，处在"道之华"，"华"通"花"，即道的表面，是细枝末节，也是"愚之始"，是愚昧的起点。在第45章，老子表达了同样的思想，说"大直若屈，大巧若拙，大辩若讷"，即最笔直的东西看起来好像是弯曲的，最灵巧的东西看起来好像是笨拙的，最卓越的辩才好像是不善言辞的。根据逻辑的逆否定理，我们可以推出：看起来笔直的东西也有可能是弯曲的，看起来聪明的反而不是最巧妙的，能言善辩的反而不是最卓越的辩才。

如果老子眼里的"前识者"，真的具备"学识渊博、用智做事、积极努力、忙碌奔波"的4个特点，会发现有一个人比较符合这个标准，那就是孔子。一方面孔子非常好学，说自己"十有五而志于学"，又说"学而时习之不亦说乎""知之者不如好之者，好之者不如乐之者""三人行，必有我师焉；择其善者而从之，其不善者而改之"等，《论语》中关于学习的语句非常多。孔子推崇用智，说"知者不惑，仁者不忧，用者不惧"。孔子积极入世，主张"知其不可而为之"。孔子一生奔波忙碌，努力学习做人与生活之本领，20多岁开始为委吏，管理仓库，开办私人学校，30岁时已有些名气并得见齐景公，50多岁削三桓、隳三都，55岁开始周游列国。从积极从政推动改革，到广收弟子三千人，再到周游列国复兴周礼，奔波一生，竭尽全力。孔子正是老子眼里的"前识者"，也因此遭到老子的训斥。

据诸多古书记载，孔子一生至少有三次拜会老子。第一次大约在孔子17岁，见老子问礼。第二次是《史记·老子韩非列传》记载孔子34岁这一年，被鲁昭公派到东周首都洛邑拜老子，问道、问礼。第三次就是庄子记载，孔子为官前后，大约50到51岁，曾经到宋国沛地见老子问学。

《史记·老子韩非列传》记载孔子34岁时第二次拜见老子时的对话：

孔子适周，将问礼于老子。老子曰："子所言者，其人与骨皆已朽矣，独其言在耳。且君子得其时则驾，不得其时则蓬累而行。吾闻之，良贾深藏若虚，君子盛德，容貌若愚。去子之骄气与多欲，态色与淫志，是皆无益于子之身。吾所以告子,若是而已。"孔子去,谓弟子曰:"鸟,吾知其能飞;鱼,吾知其能游;兽,吾知其能走。走者可以为罔,游者可以为纶,飞者可以为矰。至于龙,吾不能知,其乘风云而上天。吾今日见老子,其犹龙邪!"

翻译过来就是:孔子到周的都城,想要向老子询问一些关于礼的问题。老子说:"您所说的这些,它的创制者的人和骸骨全都已经腐朽,唯独他所留下来的言论还能听到。何况君子如果赶上了时运就出仕,若是没有赶上时运就应该像蓬蒿一样随风飘行。我听到过这样的说法,一个善于经商的人会把值钱的货物隐藏起来,就像什么东西都没有一样,君子的人品和德行盛大高尚,但他的脸色和外貌却像个愚人。您应摒弃身上骄傲的神气和诸多的欲望,摒弃不良的神态、脸色和过大的、不切实际的志向,这些对您都没有益处。我所能对您说的,就只有这些而已。"孔子离开之后,对学生说:"鸟儿,我知道它能飞翔;鱼儿,我知道它游泳;野兽,我知道它能奔跑的。能奔跑的野兽能用网捕捉,能游泳的鱼儿可用线钩去垂钓,能飞翔的鸟可用弓箭射落。但说到龙,我就不了解了,据说它能够乘着风、驾着云飞上青天。我现在所看到的老子,他大概像一条龙吧!"

从以上对话中,可以看出,老子对孔子全是批评训斥,主要有以下三点:

(1)不切实际。孔子所极力倡导、推崇的"礼",是几百年前的周公提出的,留下来的这些言论已经不适合新的时代了。后面紧跟着说"且君子得其时则驾,不得其时则蓬累而行",有点"达则兼济天下,穷则独善其身"的味道,这就是老子在"上善若水"中提到的"动善时"。

(2)欲望加身。说孔子"多欲""淫志",被欲望锁定,抱着过大的、不切实际的志向。

(3)德行不够。说孔子"多欲""淫志",做不到"少私寡欲",所以德行不够,停留在老子所说的下德里面最低的"礼"的层面,表现出来更多的是骄傲的神气和不良的神态,这些都是不利的,应该去掉的。

会见之后,孔子的评价是,老子是一个让人难以了解、把握的龙。孔子为什么会有如此评价？可以猜想，孔子去是问道、问礼的，主要是问礼的，是具体的、可操作的国家治理层面的礼治，是管理制度，但老子的思想处在高维度的"道"，告诉他的是无为、无欲，让他去掉"多欲""淫志"，修道明德，这种思想深度的不同、沟通语境的不同频，让孔子觉得老子深不可测、不可捉摸。

《庄子·天运》记载孔子51岁时第三次拜见老子时的对话：

孔子行年五十有一而不闻道，乃南之沛见老聃。老聃曰："子来乎？吾闻子，北方之贤者也！子亦得道乎？"孔子曰："未得。"老子曰："子恶乎求之哉？"曰："吾求之于度数，五年而未得也。"老子曰："子又恶乎求之哉？"曰："吾求之于阴阳，十有二年而未得也。"老子曰："然，使道而可献，则人莫不献之于其君；使道而可进，则人莫不进之于其亲；使道而可以告人，则人莫不告其兄弟；使道而可以与人，则人莫不与其子孙。然而不可者，无它也，中无主而不止，外无正而不行。由中出者，不受于外，圣人不出；由外入者，无主于中，圣人不隐。名，公器也，不可多取。仁义，先王之蘧庐也，止可以一宿而不可久处。覩而多责。

翻译过来就是：孔子51岁还没有领悟大道，于是就往南到沛地去见老子。老子说："您来了吗？我听说您是北方的贤者，您已经获得大道了吗？"孔子说："还未得道。"老子说："您是怎样寻求大道的？"孔子说："我在制度、名数方面寻求大道，五年还未得到。"老子说："你又怎样寻求大道呢？"孔子说："我于阴阳变化中求道，十二年还没有得到。"老子说："会是这样的。假使道可以献给人，则人无不把它献给自己的国君；假使道可以奉送，则人无不把它奉送给自己的父母；假使道可以告诉给人，则人无不把它告诉给自己的兄弟；假使道可以传给人，则人无不把它传给子孙。然而这是不可能的，没有其他原因，心中不自悟则道不停留，向外不能印证则道不能推行。道由心中发出，不为外界接受，圣人也就不会有所告示；由外面进入，而心中不能领受时，圣人便不留存。名誉，是众人共用之物，不可以多取。仁义，乃是先王的馆舍，只可以停留一宿，不可以久居。形迹昭彰便多责难。"

这一次,老子对孔子少了批评指责,多了一份客气和耐心。第一句问候"子来乎?吾闻子,北方之贤者也"就显得非常客气,连用两个"子","子"是当时的一种尊称。而且对孔子大名有所耳闻,孔子已是名声在外,对孔子的定位是"北方之贤者也"。然后说"子亦得道乎","亦得道乎"说明老子认为孔子也像自己一样"得道",了解"道"的真谛了。当听孔子说自己还未得道,老子又具体问了他寻道的过程,显得颇有耐心。最后老子显得语重心长,说得道要靠心,要心中自悟还要向外印证,由内心发出且被外界接受,是内心与外界的感应过程。名誉和仁义,一个是众人的,一个是先王的,都是外部的,不能久居于外而不发乎于心。过多追求名誉和仁义,心态和行为就会非常明显,这样会招致更多的责难。

由此,结合前文说的"上德""下德",我们得出以下结论:

上德,就是内心"悟道",外在"行道",这才是发于内心且向外印证。"悟道",就是了解"道",发现"道"的属性,"行道"就是学习"道",应用、实践"道"。

心才是最接近"道"的。

"心"是无形的,但"心"能驱使人去做事,去创造物,实现从"无"到"有"的转化,就像"道"无与有、阴与阳的转化。

"心"是我们做事、创业的源头,再大的丰功伟业,都来源于一颗济世为民的心,所以我们说初心、发心,这是我们做事、行动的起点,是创新、创造的起点,就像"道"之古(最初的形态),我们眼中看到的一切,都有内心的投影,以阳光之心看世界,世界就是温暖的,以阴暗之心看世界,世界就是冷酷的。心可以创造美好,心也可以催生恶魔,就在一念之间,就在起心动念之处。第 64 章说的"为之于未有"以及"合抱之木,生于毫末;九层之台,起于累土;千里之行,始于足下"中的"毫末""累土""足下",其实都是说,人做事的第一步是"心",是起心动念、一念之间。后面所说的"慎终如始",也是更多的说心,做事情要从始至终都要有一个"身为天下""宠辱不惊"的心,或者,在接近终点时更要慎重,要谨小慎微,不要让自己的私心私欲在做事过程中膨胀以至于最终污染初心,要像刚开始的时候那样保持纯真、保持激情。

"心"可以很大,大到海纳百川、包容天下,就像"道"那样能覆盖宇宙万物。"心"要向"道"学习它的"大",做到少私寡欲,要放大视野、格局。就像在老子在第54章谈到"善建""善抱"时所说:"故以身观身,以家观家,以乡观乡,以国观国,以天下观天下。"后世儒家也说"修身、齐家、治国、平天下",都是让自己的心"大"起来,大了之后就可以"身为天下""宠辱不惊",才能"强"起来。我们通常说干大事者都有一个强大的心,这个"心"应该是先大起来,大了之后就会眼里只有国家、天下,而把自己的利益置之度外,就会无所畏惧、无所迷恋,就会无往而不胜,这时才会"强"起来,应该是先"大"而后"强"。

"心"可以就像"道"一样可以自由驰骋,如"道"一样以"天下之至柔,驰骋天下之至坚,无有入无间"。每个人在孩童时代都有一颗纯真、自由的心,没有欲望系统的束缚,没有世俗观念的评判,对世界充满好奇,但长大之后,开始承担生存竞争压力,寄托家族、家庭的希望与责任,被自己的欲望控制,被世俗社会系统捕获,一颗自由驰骋的"心"一步步被锁定、束缚。

"心"可以像"道"一样"利而不害"。因为"心"可以创造出万事万物。但就一个人而言,欲望系统逐渐渗透了"内心",让内心被欲望同化、控制,并开始追求人类创造出来的东西,比如房子、汽车,连金钱也是人类创造出来的,"心"慢慢物化,是物欲化、物质化。一个人从纯真、有梦想开始变得欲望缠身、跟风攀比,开始竞争,有了损人利己之心(图5-12)。

我们经常说天人合一,那个"天",往小的说是"天下",可以指一国也可以指全人类,往大的说是"天道",是支配宇宙万物、周行不殆的"道"。所谓的"人",就是自己的内心,那颗原本具有"道性"的灵魂(表5-2)。

图5-12　心具有的"道"性

表5-2　心与道的对比

悟道——在心的层面向"道"学习　行道——在行的层面向"道"靠近		
道	心	行
大	胸怀宽广 沉静深远	无为（不为私欲而妄为）
从无到有 由微到徼	不忘初心 保持朴素	抱朴见素（为腹不为目）
道生万物 生生不息	相由心生 心想事成 （心有所想才能事有所成）	发挥所长，把握时机
利而不害	利他之心 爱 不争	不主宰、不自恃、不争利

　　在人类文明的初期，智慧的光芒初露端倪，理性思维尚未完善，一个人面对的最大的问题就是生存，一切的追求也就是吃得饱、穿得暖，物质是匮乏的，但依然能感受到快乐，快乐才能让人在恶劣的环境中找到活下去的动力。快乐就是吃饱穿暖后的满足感。因此，那时的人才会"甘其食，美其服，安其居，乐其俗。邻国相望，鸡犬之声相闻，民至老死不相往来"。"甘"和"美"，都在说内心。当时的人认为所吃的东西味道已经不错了，穿的衣服感觉也很漂亮，而不是我们今天所理解的吃着美食，穿着漂亮的衣服。人人都自得其乐，过着满足的生活，过着自己的日子，不和别人比，不和别人争，甚至和近到"鸡犬之声相闻"的"邻

国",也没有什么交集和来往。因为,没动机,不需要。老子的"理想国",就是人类文明初期的少私寡欲、无为("为"是欲望支配下的主动作为)不争的状态。

那时的人们为了求得生存,必须组成稳固的、以血缘关系为纽带的群体,也就是部落及家庭。血缘关系基础上产生情感维系,人一出生就无可选择地处在这种家庭或部落的关系网络中,从生到死都是这样。人与人之间的感情是稳固的,关系是和谐的。后来,文明高度发达了,即使吃着各种美食,可还是没胃口,还要想吃更好的。即使穿着华丽的衣服,依然感觉自己还不够漂亮,要追求个性,追求别人的关注,活在别人的评价里,追求比周围人的相对优势里,让别人羡慕、嫉妒,也最终招致了别人的"恨"。因此,人与人之间攀比争斗,阶层之间存在鄙视链,国家之间博弈对抗,就连"六亲"(说法不一,较多的一种说法是指父、母、弟、妻、子)之间都不和了。

所以,从离"道"的远近距离来看,最近的是自己的本心、初心和胸怀。如果内在没有一颗"道心",学不到"道"之"本",就追求"道"之"末",就不会像大道滋养万物一样去关爱、帮助别人。如果连"道"之"末"也学不到,就用一套礼(半强制性行为规范)和法(强制性行为规范)来让别人按照自己的意志从事。如果不能通过礼法来约束别人,或者遭到了别人的反抗或抵制,就会用计谋、策略让别人服从。逐渐的,从"生而不有,为而不恃,长而不宰"的玄德,最接近"道"的状态,变得以自己的私心私欲要求别人、控制别人以至于算计别人,从"不有"到"有",从"不恃"到"有恃无恐",从"不宰"到"宰割""收割",这样势必遭到别人的反制和对抗,别人也用同样的方式对待自己,也就把自己一步一步逼入"死地"。

在此,老子提到"六亲不和",就连最亲近的父母、兄弟、妻子之间,都出现关系不和,时有冲突发生。其中,父母、兄弟是有稳固血缘关系的,夫妻关系在古代绝大多数也是要维持一生的。为什么长相厮守、朝夕相伴的人,会出现关系不和?就是自己有了贪欲,有了对名利的追求,开始"为而争",要么父母、兄弟之间为名利争斗,要么让儿女、兄弟服从自己的欲望系统,按照自己的意志行事。

在现代社会,父母爱拿别人的孩子与自己的孩子比,或者把自己对名利的渴望、奢求放到孩子身上,对孩子提出过高的期望,施加更大的压力,孩子感受到的爱少了,更多的是束缚和枷锁,因此,孩子变得反叛、对抗,甚至与父母打起游击战。学习能应付就应付,游戏不让打就偷偷摸摸地打。父母与孩子之间的爱少了,感情少了,变成了一种博弈,演化成了一场你来我往的较量,一个原本用心、用爱的关系,最后沦为用智谋、用算计。一个温暖的家,演变成了父母与孩子的角斗场。要想重建家的温暖,就要重新构建与孩子的关系,父母自己做到少私寡欲,少编织自己的欲望系统,少对孩子灌输欲望,少一些控制,再帮助孩子树立远大理想,建立天下观和历史使命感,向"大道"学习,向"大道"看齐。

夫妇之间,原本纯真的爱情,也受到世俗欲望系统的侵袭。在男女恋爱时期,选择的标准就建立在欲望系统之上,男子看女子是否漂亮,女子看男子是否有房有车,以欲望标准建立起来的恋爱,已经成为一种买卖、交易。而买卖是要遵从等价原则,某个时间点可以偏离价值,但一定是围绕价值上下波动的,长期看必须符合价值。一旦男方明显低于或明显高于当时的财富状况,或一旦女方不再那么年轻漂亮(必然的,只是时间早晚而已),双方的恋爱或婚姻就会面临动荡。这也是为什么现代社会离婚率持续升高的主要因素,离婚成本降低和社会观念的开放只是一个外部环境的催化作用。因此,要想恋爱关系或婚姻持久保鲜,就要摆脱欲望系统的侵扰,在心灵深处构建,用感情加固,而不是简单的评判,简单的贴标签,更不能从一开始就用欲望系统来选择、维护婚姻。

第五节　如何做才是"上善若水"？

《道德经》第8章说:"上善若水。水善利万物而不争,处众人之所恶(wù),故几于道。居善地,心善渊,与善仁,言善信,正善治,事善能,动善时。夫唯不争,故无尤。"

对于本章内容,苏辙《老子解》给出了更加详细具体的解释:

《易》曰:"一阴一阳之谓道,继之者善也,成之者性也。"又曰"天以一生水",盖道运而为善,犹气运而生水也。故曰"上善若水"。二者皆自无而始成形,故其理同。道无所不在,无所不利,而水亦然。然而既已丽于形,则于道有间矣,故曰"几于道";然而可名之善,未有若此者也,故曰"上善"。

避高趋下,未尝有所逆,善地也;空虚静默,深不可测,善渊也;利泽万物,施而不求报,善仁也;圆必旋,方必折,塞必止,决必流,善信也;洗涤群秽,平准高下,善治也;遇物赋形,而不留于一,善能也;冬凝春泮,涸溢不失节,善时也。有善而不免于人非者,以其争也。水惟不争,故兼七善而无尤。

翻译过来就是:《易经》说"阴阳就是道,能够追从它的必定是善的,道所带来的也必是善的,生成了万物各自的本性",又说"天因为依循道的规律而产生了水"。道运行而产生善,就像大气运行而产生降水。所以说上善若水。道和水两者都是从无形而生成形态,所以它们的道理相近。没有地方是"道"影响不到的,没有某个事物的利益不是"道"提供的,而水也是这个样子。然而水既然已经拥有了形态,和"道"就一定是存在区别的了,所以说接近于"道"。然而可以命名、可以言说的善,都不能达到这样的高度,所以加以区别地称为"上善"。

水往低处流,从来都不违逆,是善于选择地方;深渊空虚宁静,没法测量深度,是善于保持沉静;水润泽万物,给予而不求回报,是善于给予仁爱;水遇见圆的就拐弯,遇见方的必然有转折,堵塞它流动就一定停止,堵塞解除流动必然恢复,像这样的就是善于守信;水能洗净各种污秽,能够以水平面为参照评判物体的高低,是善于协调治理;遇到什么容器、什么环境,形状就与之适应,而不是总保持一个形态,是善于发挥外物的长处;水冬天结冰,春天解冻,旱涝都依据节气,是善于应时而动。慈善的人还是受到人们的批评,就是因为他的争。水就是因为不争,所以兼有这七种优点而没有危险。

第5章内容,老子告诉我们要干什么,要向"水"学习,要做到"居善地,心善渊,与善仁,言善信,正善治,事善能,动善时"。

一、为什么要向水学习？

老子说"上善若水"，是因为水"几于道"，水接近"道"。向水学习，就是向"道"靠近。按"道"行事本身就是"善"的，结果是生生不息、长生久视。苏辙引用《易经》的话说"一阴一阳之谓道，继之者善也"，追随"道"得到的结果是"善"，说"道运而为善"，道运行的结果就是善的。前者重过程，后者重结果。

为什么说水接近"道"？老子说"水善利万物而不争，处众人之所恶"，是因为水处于下位却让生命得意滋养，还不居功、不自持、不争名利，这些与"道"的特性是一致的，是体现"道"的。苏辙进行了补充，说水和道"二者皆自无而始成形，故其理同。道无所不在，无所不利，而水亦然"。水和道一样，都是从无形到有形，又无所不在、无所不利。但水毕竟有了形态，水的存在范围毕竟没有"道"广大，只能是"几于道"。其实，水还有一个特点是体现"道"的，就是柔弱但能胜刚强，水滴而石穿。

综合来看，我们要向水学习，就是因为水体现"道"的特点：有无转化、无所不在（一定范围内）、居低位、利万物、不争、柔弱。

二、向水学习什么？

我们到底该向"水"学习什么？

1. 居善地——找到适合自己的地方

苏辙说"善地"是"避高趋下，未尝有所逆"。低下的位置，顺"大道"而"未尝有所逆"，不逆大道的结果就是"利万物"，当然也利自己。

水之所以往低处流，是因为低处才能让自己得以保存，让自己积累、汇聚。保存自己实力，做好自己，才能利万物，做对万物生长有利的事情。因此，这个"善地"不一定是最好、最高的位置，还可能是别人最厌恶的地方，但一定是适合自己的。适合自己的标准就是，让自己得以保存、沉淀，得到滋养。

不管是刚走出大学校园，还是在社会上摸爬滚打，我们在找工作时，往往会羡慕别人,想找一个离家近、轻松、赚钱又体面的工作,或者就是单一地追求高薪、挣快钱。但这样的工作,即使看起来很美,也不一定是自己的"善地",因为这个地方可能不能让你得以滋养、成长,而是一种耗费,要么耗心费神、透支身体,要么浪费时间、消耗人生。

2.心善渊——放空欲望、沉淀积累

在"善地"干什么?苏辙说要"空虚静默,深不可测,善渊也"。就是在这个不逆"大道"、不争名利的地方,在这个让自己保存、滋养的地方,心里要放空欲望,保持虚静,慢慢积累,让自己的心成为"渊"。

"渊"字初文见于商代甲骨文,古文是象形字,外部像岸,中间像水的样子,合起来像一个中间有水洄流的深潭,本义指回旋的水,引申指深潭、深水,又引申指深、深厚。

只有修好自己的心,才能让自己离"道"更近,充满"道"的能量,能够像"道"一样化生万物、滋养万物。化生,就是创造,为社会为人类贡献自己的力量。滋养,就是利他,能够帮助成就他人。如果心中充满对名利的欲望,满是鸡血或焦虑,做不到"空虚静默",即使待在适合自己的地方,也不能让自己沉淀积累,这样就没有真正的"善地"。

我们经过十几年的学习,再加上社会磨炼,让自己的心境和能力不断积累、强大,然后我们才有心、有力帮助别人,成就他人。但很多人对心的修炼不够,能力上去了,心境不够,"心"经常被外物所动,被所谓的波动、机遇、风口等所影响,这就会导致阴阳失衡,心动最终会导致行动,最终是乱动,是不聚焦、没有方向的动,这样就耗费了有限的人生资源。

3.与善仁——利他、助人

苏辙说:"利泽万物,施而不求报,善仁也。"用实际行动,把自己积累的能量,转化为帮助别人、施予爱的行动。这就是一个转化能量、输出能量的过程。

4.言善信——说话要体现道

"信"就是人言,是人说的语。"善信"就是体现"道"的话。还有一个"诚

信",就是体现自己内心真实意图的人话。

苏辙说:"圆必旋,方必折,塞必止,决必流,善信也。"水遇见圆的就拐弯,遇见方的必然有转折,堵塞它流动就一定停止,堵塞解除流动必然恢复,像这样的就是善于守信。这些都是水的运行规律,也是"道"运行的具体体现。要传播"道",传播客观规律,不要传播不体现"道"的东西,比如不要传播偏见,不要煽动欲望,不要鼓动仇恨等。这些都是偏离"道"的,都不是"善信"。

5. 正善治——管理懂阴阳

苏辙说:"洗涤群秽,平准高下,善治也。"水能洗净各种污秽,能够以水平面为参照评判物体的高低,是善于协调治理。有道的人,管理也要懂得高下相权、阴阳平衡、张弛有度,用这个标准去管理周围的人和事。

6. 事善能——用人用所长

苏辙说:"遇物赋形,而不留于一,善能也。"遇到什么容器、什么环境,形状就与之适应,而不是总保持一个形态,是善于发挥外物的长处。有道的人,善于利用别人的优势,发挥别人的长处,做到物尽其用、人尽其才。

7. 动善时——顺时顺势而为

苏辙说:"冬凝春泮,涸溢不失节,善时也。"水冬天结冰,春天解冻,旱涝都依节气,是善于顺时而动。人也应该像水一样,与时俱进、顺时顺势而为,是积极入世还是归隐江湖,是兼济天下还是独善其身,需要结合当时、当地情况,顺应周围环境。

思维导图

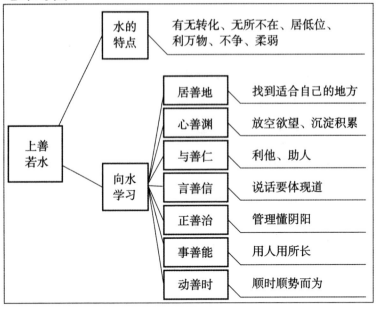

三、怎样才能"动善时"？

关于"动善时"，《庄子》里讲的故事可以给我们一个启发。《庄子·山木篇》记载：

庄子行于山中，见大木枝叶盛茂。伐木者止其旁而不取也。问其故，曰："无所可用。"庄子曰："此木以不材得终其天年。"夫子出于山。舍于故人之家。故人喜，命竖子杀雁而烹之。竖子请曰："其一能鸣，其一不能鸣，请奚杀？"主人曰："杀不能鸣者。"明日弟子问于庄子曰："昨日山中之木以不材得终其天年，今主人之雁以不材死，先生将何处？"庄子笑曰："周将处夫材与不材之间。材与不材之间，似之而非也，故未免乎累。若夫乘道德而浮游则不然。无誉无訾，一龙一蛇，与时俱化，而无肯专为。一上一下，以和为量，浮游乎万物之祖。物物而不物于物，则胡可得而累邪！此神农黄帝之法则也。若夫万物之情，人伦之传则不然，合则离，成则毁，廉则挫，尊则议，有为则亏，贤则谋，不肖则欺，胡可得而必乎哉！悲夫！弟子志之，其唯道德之乡乎！"

庄子走在山林之中,发现有棵大树枝繁叶茂,而伐木者就在旁边却不砍伐,就问伐木者其中的缘由,伐木者告诉他说,因为这棵树没有什么用处。随后出山,在一个老朋友家留宿,老朋友非常高兴,就让仆人杀鹅(古时"雁"就是"鹅")炖了来招待庄子。仆人请示说,一个鹅会叫,一个不会叫,要杀哪个?主人说,杀不能鸣叫的那个。

山中木,因不成材而得以保存性命。家中鹅,因不成材(不能鸣叫)而被杀。到底是成材好还是不成材好?

庄子给出的答案是"处夫材与不材之间""乘道德而浮游""无誉无訾,一龙一蛇,与时俱化,而无肯专为"。庄子的意思是,在成材与不成材之间把握,随时势变化,看情况而定,而不要专一不变。就像龙和蛇,风雨来时,就在天上飞腾万里、喷云吐雾、普降甘霖、展示才华。如果天地大旱、炎热酷暑,你就落到地上变成一条蛇,就安心在草莽之间,情愿与蚯蚓为伍,不抱怨、不自卑、不灰心。不管怎样,用道德来把握变化,遨游在万物的本元,以和顺为标准。

"龙蛇之变"和"木雁之间"已经成为成语。二者的核心意思就是,人要根据环境和对象选择策略,变还是不变,什么时候开始由变到不变,什么时候由不变到变,如何在变中包含不变、在不变中包含变,就像阴阳之道,既要懂得阴阳转化,也要懂得阴中有阳、阳中有阴。

其实,说起来容易,做起来很难,做到恰到好处更难。尤其是在环境复杂多变、面临各种选择与诱惑的现代社会,变与不变确实难以把握。

我们常说,在现代社会,变化是常态,只有变化才是不变的。大环境风云变幻,各种风口、潮流不断切换。小环境复杂多变,技术日新月异,产品更新迭代,消费趋势不断演化,市场竞争瞬息万变。身处各种变化之中,我们也学会了应对变化之道:及时掌握新信息,不断学习新知识,不断提升自己的能力。我们追逐风口,追踪潮流,总想走在时代前沿,总想占尽行业红利,生怕不能与时俱进,生怕落后于人。

但这样做我们得到了什么?我们以变化应对变化,达到预期目标了吗?除了随波逐流、疲于奔波,还有什么? 最后,终于发现疲惫了,跟不上了,就去寻找确定性,就去寻找大势。

其实,外部环境的变化,就是大道运行的具体体现,是我们无法左右的,也是我们无法准确预测的,更是我们无法跟上的。我们真正可以左右的,是我们的内心。真正的确定性,就是我们的内心。能够不变应万变的,就是内心。如果我们的心静下来,让自己不断得到沉淀积累,不断发展壮大自己,就能安然应对外部环境的各种变化。春天来了就发芽,秋天来了就收敛,应对自如。如果我们心不静,没有深厚的积累,机会来了把握不住,机会走了输得很惨,总是深陷时代变化的旋涡,身不由己,身心疲惫(图5-13)。

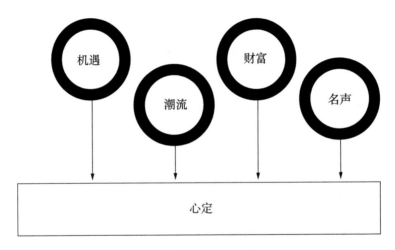

图5-13 外部的变与心的不变

我们常说,道是不变,术是不断变化的。这个"道"指自然大道,也指像"道"看齐的"心"。修道,首先修的是自己的内心。术,指方法、工具,甚至是我们的大脑、身体,都是"心"的工具,都是为心灵服务的。心修好了,具备强大的"道性",外在不管动与不动,都是"善时",因为,像"道"一样行事,就是善的,其他都是表象、外在。

第 6 章

苏轼人生及其诗词中的"道德"观

　　继 2500 年前的老子之后,1000 年前的苏轼出现了,他是中国文化史上难以逾越的山峰,一个史诗般的超级 IP,一个能够代表文人、宋代、豪放等的超级文化符号,他用坎坷的一生去悟道、行道,用事、情、理融合的诗词来诠释道。

　　让我们走进苏轼的人生及其诗词,去发现、感悟其中的"道德"观。

第一节　苏轼算是一个成功者吗？

苏轼算是一个成功的人吗？

用成功评价苏轼，显然有点不太合适。但为了便于理解，我们还是用这个显得有些世俗的词语。

如果以世俗人的眼光看，苏轼的人生可以说是高开低走。20 岁便受到欧阳修的赏识而名动京师，甚至皇帝赵祯都对其寄予厚望，说"吾今又为吾子孙得太平宰相两人（苏轼及其兄弟苏辙）"。后因上书谈论新法弊病而得罪王安石，于是自请出京。44 岁人到中年又因乌台诗案而遭受牢狱之灾，甚至差点因此丢了性命。后又被贬黄州，任低微且没有实权的团练副使一职，一度心灰意冷，生活也过得非常拮据。但这还不是最低点。绍圣四年（1097 年），已 62 岁高龄的苏轼被一叶孤舟送到了荒凉之地海南岛儋州（今海南儋州）。据说在宋朝，放逐海南是仅比满门抄斩罪轻一等的处罚。如果从名利地位上看，苏轼是起的一手好牌，最后却输得精光。这样来看，苏轼的一生，成功来得太早太快，如昙花一现，随后节节败退，最后暗淡收场。

如果以艺术成就看，苏轼的一生无疑是辉煌的。在诗、词、散文、书、画等方面均取得很高成就。北京大学法律系教授、民法学家、书法家李志敏评价苏轼时说他是"全才式的艺术巨匠"。苏轼诗歌题材广阔，风格清新豪健，善用夸张比喻，独具风格，与黄庭坚并称"苏黄"。苏轼词开豪放一派，与辛弃疾同是豪放派代表，并称"苏辛"。苏轼散文著述宏富，豪放自如，与欧阳修并称"欧苏"，为"唐宋八大家"之一。苏轼书法擅长写行书、楷书，与黄庭坚、米芾、蔡襄并称为"宋四家"。苏轼在诗、词、散文、书法等领域都自成一家，成为时代的符号，取得极高的艺术成就，说他是"全才式的艺术巨匠"一点不为过。

如果以老子视角来看，苏轼一生毫无疑问是成功的。老子《道德经》第 33 章说"不失其所者久，死而不亡者寿"。苏轼一生完全符合老子提倡的长生、长寿标准。

"不失其所者久",就是不失去本分、本性,没有丢弃自己的理想、信念的人,他的精神就会长久。苏轼政治生涯虽然屡遭打击,但他的坦率、真性情始终没有改变。苏轼的弟弟苏辙在《亡兄子瞻端明墓志铭》中这样评价苏轼:"在其于人,见善称之,如恐不及;见不善斥之,如恐不尽;见义勇于敢为,而不顾其害。用此数困于世,然终不以为恨。"说哥哥苏轼对待别人,见到好的就赞美,唯恐赞美之词没有别人做得那么好;见到不好的就责备,唯恐责备不够彻底;看到正义的事就勇敢地去做,不会顾忌个人利害。因此多次身陷困境,但始终不以为遗憾,始终不愿去改变。

"死而不亡者寿",是说真正意义的长寿,是指一个人即使肉体死了,他的思想、精神还在持续影响许多人,人的身体虽然消失了,但人的精神是永垂千古的。梁启超曾说,人的肉体寿命不过区区数十载,人不可能长生不老,但人的精神则可以永垂不朽,因为他的肉体虽然消失了,而他的学说、他的思想、他的精神却会长期产生影响,从这个意义上讲,人完全可以做到"死而不亡"。傅山在《家训》中也说:"人无百年不死之人,所留在天地间,可以增光岳之气,表五行之灵者,只此文章耳。"苏轼诗词散文传颂千年,苏轼的逸闻趣事代代相传。未来,只要有华人的地方,苏轼的诗词句子就会再次回荡,苏轼的率真、豪放依然会影响世人。苏轼的影响力能够穿越时空,才是真正的"死而不亡"。

苏轼是老子眼里少有的行道之人,他用一生的经历来为悟道、行道之人打样,用大量的诗词名篇,向世人诠释"道"的含义。对此后面会有详述。

苏轼之所以对老子道论体悟至深,除了"生性放达,为人率真"的天生性格之外,还与两个因素有关:

一是自己的人生成长经历。庆历五年(1045 年),8 岁的苏轼进入眉州天庆观北极院,随道士张易简读书,直至庆历八年(1048 年)。他在《与刘宜翁书》中回忆说"轼龆龀(读音 tiáo chèn,指孩童、垂髫换齿之时)好道",并说自己"轼虽不肖,窃自谓有受道之质三"。随着阅历的加深,以及宦海浮沉、人情冷暖的遭遇,苏轼对学道产生了浓厚的兴趣。元祐元年(1086年),49岁的苏轼在《送沈逵赴广南》一诗中说:"功名如幻何足计,学道有涯真可喜。"晚年,苏轼强调老庄与儒学的一致,力图把道学同儒学结合起来。在《上清储祥宫碑记》一文中,他说:"道家者流本出于黄帝老子,其道以清净无为为宗,以虚明应物为用,以慈俭不争为行,合于《周易》何思何虑仁者静寿之说。"在《庄子祠堂记》一文中,他驳斥了"庄周诋訾孔子"的说法,提出了"阳挤而阴助"的新颖见解:"余以为庄子盖助孔子者,……庄子之言,皆实予而文不予,阳挤而阴助之,其正方盖无几。至于诋訾孔子,未尝不微见其意。"他十分赞同"孔老为一",认为只有兼通儒老,才能做到"遇物而应,施则无穷"(《与滕达道书》)。

二是弟弟苏辙的影响。苏轼与父苏洵、弟苏辙创立了苏氏蜀学,苏轼与苏辙同为苏氏蜀学的集大成者。"三苏"遍采六经百家之说,又吸取老庄道家学说和佛教思想,逐步形成"三教合一"的思想体系,是当时具有重要影响的学术派别。苏辙晚年曾著《苏黄门老子解》。苏轼为其作跋时,非常肯定该书对三教合一的贡献,指出:"使汉初有此书,则孔老为一;使晋宋间有此书,则佛老不为二。"(《仇池笔记·卷上》)

第二节　苏轼人生里的"道德"观

苏轼性格及人生经历,从多个侧面体现老子思想。

一、天真,一颗真心待世界

天真,就是老子在《道德经》第19章所说的"见素抱朴",不用"智""巧"这些"文不足"的手段去掩饰,不卷入世俗系统,而是表现真性情,历经风雨但本性不变。

天真是苏轼最大的性格特点,也是其人生的最大变量,还是他艺术成就的关键因素。

1. 苏轼如"天真的小孩"

苏轼的父亲苏洵39岁时作《名二子说》，对"轼"字进行了解读："轮、辐、盖、轸，皆有职乎车，而轼独若无所为者。虽然，去轼则吾未见其为完车也。轼乎，吾惧汝之不外饰也！"苏洵就是看到苏轼性格率真而不知掩饰，才以"轼"字作为诫喻。

苏轼的弟弟苏辙也劝诫哥哥不要过于坦率。苏轼和他的弟弟苏辙关系十分要好。苏辙说哥哥"扶我则兄，诲我则师"。苏轼认为弟弟"岂是吾兄弟，更是贤友生"。《宋史·苏辙传》记载："辙与兄进退出处，无不相同，患难之中，友爱弥笃，无少怨尤，近古罕见。"作为从小玩到大的兄弟，苏轼、苏辙彼此相知于心、肝胆相照。熙宁十年（1077年），苏轼、苏辙兄弟二人分别7年后在徐州相聚，两人互相作诗应和。苏辙在诗中就劝哥哥"常恐坦率性，放纵不自程"，说经常为您坦率、放纵的性格担惊受怕，小心因此毁了前程。苏辙在《亡兄子瞻端明墓志铭》中说苏轼"在其于人，见善称之，如恐不及；见不善斥之，如恐不尽；见义勇于敢为，而不顾其害。用此数困于世，然终不以为恨"。说苏轼称赞别人或斥责别人，都唯恐程度不够、没有说尽，看到正义的事情从来不考虑利害就勇敢地去做。

苏轼自己曾说过："吾上可陪玉皇大帝，下可陪卑田院乞儿。眼前见天下无一个不好人。"他的眼里全是好人，但从这句话，就能看出他的天真。

林语堂也认为苏轼"心灵却像天真的小孩"，他在《苏东坡传》里面说：

苏东坡是一个无可救药的乐天派、一个伟大的人道主义者、一个百姓的朋友、一个大文豪、大书法家、创新的画家、造酒试验家、一个工程师、一个憎恨清教徒主义的人、一位瑜伽修行者佛教徒、巨儒政治家、一个皇帝的秘书、酒仙、厚道的法官、一位在政治上专唱反调的人。一个月夜徘徊者、一个诗人、一个小丑。但是这还不足以道出苏东坡的全部……苏东坡比中国其他的诗人更具有多面性天才的丰富感、变化感和幽默感，智能优异，心灵却像天真的小孩——这种混合等于耶稣所谓蛇的智慧加上鸽子的温文。

2."天真"让苏轼的人生"高开低走"

苏轼的一生可谓高开低走,其中转折点就是乌台诗案。元丰二年(1079年),44岁的苏轼因一篇《湖州谢表》引发致命危机——乌台诗案。《湖州谢表》本是例行公事的官样文章,但苏轼笔端却倾注真情实感,说"知其愚不适时,难以追陪新进;察其老不生事,或能收养小民",原本是自谦的话,顶多是抱怨常年在地方任职,却被新党当作把柄打压入狱,差点因此丢了性命。

乌台诗案让苏轼尝到了天真带来的苦头,可苏轼并没有汲取教训,而是再次在此翻车,这就显得有点"顽固不化"了。6年后,元丰八年(1085年),苏轼坦率耿直的性格再次表露无遗。他看到得势的旧党压制王安石并尽废新法后,认为其与所谓"王党"不过一丘之貉,再次向朝廷提出谏议。他对旧党执政后,暴露出的腐败现象进行了抨击,由此,他又引起了保守势力的极力反对,于是又遭诬告陷害。苏轼至此是既不能容于新党,又不能见谅于旧党。

3.天真让苏轼成为"艺术巨匠"

天真,给苏轼的人生带来转折和磨难,却成就了他在诗词艺术上的新高度。苏轼在诗词文章中都是在表达自己,有自己的人生际遇,自己对社会的看法和对人生的思考,不顾形式的约束,直抒胸臆,酣畅淋漓。

苏轼继柳永之后,对词体进行了全面的改革,最终突破了词为"艳科"的传统格局,提高了词的文学地位,使词从音乐的附属品转变为一种独立的抒情诗体,从根本上改变了词史的发展方向。苏轼认为诗词同源,本属一体,词"为诗之苗裔"。苏轼还提出了词须"自是一家"的创作主张,追求壮美的风格和阔大的意境,词品应与人品相一致,作词应像写诗一样,抒发自我的真实性情和独特的人生感受。他将传统的表现女性化的柔情之词扩展为表现男性化的豪情之词,将传统上只表现爱情之词扩展为表现性情之词,使词像诗一样可以充分表现作者的性情怀抱和人格个性。

比如,李煜的词"春花秋月何时了?往事知多少。小楼昨夜又东风,故国不堪回首月明中。雕栏玉砌应犹在，只是朱颜改。问君能有几多愁？恰似一江春水向东流”，欧阳修的词“泪眼问花花不语，乱红飞过秋千去”，都是以歌女的口吻来写作，这是词这个体裁的基本要求，因为词就是让歌女来唱的，是音乐的附属品。

苏轼不管这一套，突破了这种世俗形式的限制，不管写出来的词是否适合歌女传唱，只求表达自己的真情实感，让词成为表达自己个性的工具，追求恣意纵横、酣畅淋漓。在《念奴娇·赤壁怀古》中，苏轼豪情绽放，一句“大江东去浪淘尽，千古风流人物”让人千古传唱，只是传唱的场景再也不是“无病呻吟”的柔情歌女。

在《江城子·密州出猎》中，苏轼更是直抒胸臆：

老夫聊发少年狂，左牵黄，右擎苍，锦帽貂裘，千骑卷平冈。为报倾城随太守，亲射虎，看孙郎。

酒酣胸胆尚开张，鬓微霜，又何妨！持节云中，何日遣冯唐？会挽雕弓如满月，西北望，射天狼。

这些，全是苏轼自己的形象、自己的语言，还有自己的疯狂，如何让一个歌女演唱？我们常说做自己，但真的要突破思维的设限、突破世俗的眼光，又需要何其强大的勇气。但艺术就是需要天真、坦率，就应该表达出自己的真情实感，这样才能走心，形成共鸣。

天真，让苏轼在仕途失意，却在诗词艺术上实现突破，取得了巨大成就。在社会世俗的系统里，苏轼算不上一个成功者，但放大尺度，从千年历史长河中看，苏轼在诗词艺术上成为一个高不可攀的山峰，成为一个时代的代表、一种文化符号，在中华文化千年传承的大系统里，取得了巨大成功。

这给我们一个启示：一时的世俗名利系统，在历史时空的大系统里，显得那么渺小，保持自己的本性，可能不会很好地融入世俗名利系统，但一定会在更大的时空大道系统里如鱼得水、自由翱翔。

二、利万物而不争，心系民生为百姓

《道德经》第8章说"上善若水"，要像水一样"水善利万物而不争"。苏轼身上充分体现了这一点。

苏轼在徐州期间，建苏堤、筑黄楼、种植青松、访获石炭，于徐门石潭祈雨，于徐州汉高帝庙祈晴，于萧县雾猪泉祈雪，和百姓在一起，为百姓温饱生存不辞辛劳。即使在流放地海南儋州，苏轼也心系百姓，把儋州当成自己的第二故乡，说"我本儋耳氏，寄生西蜀州"。他在这里办学堂，推广中原先进的文化，让普通老百姓可以上学。在宋代一百多年里，海南从没有人进士及第。但苏轼北归不久，这里的姜唐佐就举乡贡。为此苏轼题诗："沧海何曾断地脉，珠崖从此破天荒。"因此，人们一直把苏轼看作是儋州文化的开拓者、播种人，对他怀有深深的崇敬。在儋州流传下来的东坡村、东坡井、东坡田、东坡路、东坡桥、东坡帽等，表达了人们的缅怀之情，连语言都有一种"东坡话"。

利万物，自然就会不卷入世俗，自然就会"不争"。

苏轼没有卷入新党、旧党等党派纷争，完全根据自己对事情的看法，事情本身的是非曲直来做出选择，充分体现了苏轼的"不争"。由于不争，在乌台诗案之后，苏轼挺过了几乎送命的牢狱之灾之后，也没有产生对新党的报复、复仇心理，没有产生利用旧党打压新党的动机，看到旧党的腐败依然给予抨击，最后把两党都给得罪了。因为与世无争，也让自己被孤立，最后流落儋州、身逝常州。

因此，陆游在《老学庵笔记》中评价苏东坡"公不以一身祸福，易其忧国之心，千载之下，生气凛然"。

三、豪放，解脱困境入大道

"豪放"一词出于《北史·张彝传》："彝少而豪放，出入殿庭，步昍（miǎn）高上，无所顾忌。"意为气魄大而无所拘束，指人的感情奔放，不拘细节。以老子道论来看,"豪放"就是"欲不欲,不贵难得之货。学不学,复众人之所过""以身为天下",就是从世俗系统中解脱出来,不受世俗价值观的束缚,融入天下大道,与日月对话。

苏轼天性豪放,但真正的大彻大悟、释放自己,是在经历现实的困顿与挫折之后。经历了长时间的外放冷遇,以及打压排挤,苏轼心中充满苦闷。郁郁不得志,才会有解脱现实烦闷,在更大的天地宇宙之间抒情言志。

明月几时有,把酒问青天。不知天上宫阙,今夕是何年? ——《水调歌头·明月几时有》

大江东去,浪淘尽,千古风流人物。——《念奴娇·赤壁怀古》

幸对清风皓月,苔茵展、云幕高张。——《满庭芳·蜗角虚名》

苏轼把酒问青天、临江怀千古、对清风皓月,都是在自然大道的大视野思考人生,从眼前、当下的小我中解放出来,融入时空大尺度中去。

四、无我执,此心安处是吾乡

苏轼有大豪放,也有小情趣,在天地大道中释放愤懑、烦恼,又会把目光收回到眼前、当下,做到无我执,在一草一木、点滴生活中过好眼下,在艰难困苦中发现生活的美好和情趣。

苏轼的好友王巩因受"乌台诗案"牵连,被贬谪到地处岭南荒僻之地的宾州。王巩受贬时,其歌妓柔奴(寓娘)毅然随行到岭南。元丰六年(1083年)王巩北归,让柔奴为苏轼劝酒。苏轼问及广南风土,柔奴答以"此心安处,便是吾乡"。苏轼听后,大受感动,便作词《定风波·南海归赠王定国侍人寓娘》以赞:

常美人间琢玉郎,天教乞与(一本作"分付")点酥娘。自作清歌传皓齿,风起,雪飞炎海变清凉。

万里归来年愈少。微笑,笑时犹带岭梅香。试问岭南应不好,却道:此心安处是吾乡。

最后一句"此心安处是吾乡"意味深长,哲理浓厚。白居易《初出城留别》中有"我生本无乡,心安是归处",《种桃杏》中有"无论海角与天涯,大抵心安即是家"等。苏轼的这句词,受白诗的启发,它歌颂柔奴随缘自适的旷达与乐观,同时也表达作者自己的人生态度和处世哲学。

"此心安处是吾乡",就是老子《道德经》中说的"挫其锐,解其纷,和其光,同其尘"。和光同尘,就是放下自己的执念,与当下的生活、世俗的尘世和解,过好眼前生活的点点滴滴,用真实的生命体验去疗愈、滋养自己的心灵。

"此心安处是吾乡"也体现了老子说的"动善时"。根据逻辑逆反原则,"动善时"可以推出"不善时就不动",不动即"安",就是在逆境、困顿中把自己的一颗心安顿好,以美好的心情看待世界,用世界的正能量来给自己的内心带来正能量。

"此心安处是吾乡"还体现了老子说的"致虚极,守静笃"。要让自己的心向大道看起,追求道之根本——静。我们常说"安静",做到心有所安、心有所定,心甘情愿地把自己的心安放在一个地方,心"居有定所",才能做到心静,才能不为外物所诱惑、不为外部压力所驱使。

苏轼一生多次体现、践行"此心安处是吾乡"的人生态度。

1. 被贬黄州,生活艰难却依然好心情

北宋元丰三年(1080 年)二月,苏轼因"乌台诗案"被贬到黄州。靠微薄的俸禄,实在无法养活家人。于是他便在黄州城外的东坡上开荒种地,自号"东坡居士"。曾经轰动一时、潜力无限的"流量明星",面对眼前的窘迫、困境,不逃避、不回避,以"东坡"自号,生怕别人不知,显然是在享受眼下。

他在《初到黄州》一诗中写道:"长江绕郭知鱼美,好竹连山觉笋香。"在这首诗里,看不出丝毫的被贬之后的悲凉和落魄,看到的分明是一个赏美景、尝美食

的好心情。被贬的苏轼,活出了春游踏青的心态。

2. 流放儋州,甘把他乡当故乡

绍圣四年(1097年),已62岁高龄的苏轼,被流放海南儋州。想象一下,一个年逾花甲的老人,在荒凉的海南岛,不是旅游而是流放,那到底是一种怎样的感觉?

但苏轼把儋州当成自己的第二故乡,说"我本儋耳氏,寄生西蜀州""他年谁做舆地志,海南万里真吾乡"。他在这里办学堂,传播中原先进文化,许多人不远千里追至儋州,跟随苏轼学习。从儋州流传下来的东坡村、东坡井、东坡田、东坡路、东坡桥、东坡帽以及"东坡话"来看,苏轼在海南儋州是全身心、全方位地投入当地生活,没有把自己当外人,更没有当成遭流放的外地人。

第三节　苏轼诗词里的"道德"观

苏轼一生历经坎坷,多次被贬、流放,但他却能从一次次的挫折、磨难中走出来,总结人生经验,发表人生思考,表达自己的人生处世哲学和态度。在苏轼眼里,艰难的生活不是只有苦涩,平常事物也显得那么有趣。他的很多诗词里,自然现象饱含哲理,人生感受转化为哲理反思,做到情、景交汇和物、理贯通,融事、情、理为一体,这样读来既给人启迪思考,又不是纯粹说教,不会显得干涩难懂。

下面,我们一起走进苏轼的诗词,发现苏轼诗词里的"道德"观。

一、《水调歌头·明月几时有》——天地不仁,人间有爱

苏轼最有名的代表作《水调歌头·明月几时有》,情感炽烈,哲思深邃。事、情、理水乳交融。

水调歌头·明月几时有

[宋] 苏轼

丙辰中秋,欢饮达旦,大醉,作此篇,兼怀子由。

明月几时有?把酒问青天。不知天上宫阙,今夕是何年?我欲乘风归去,又恐琼楼玉宇,高处不胜寒。起舞弄清影,何似在人间?

转朱阁,低绮户,照无眠。不应有恨,何事长向别时圆?人有悲欢离合,月有阴晴圆缺,此事古难全。但愿人长久,千里共婵娟。

这首词很好地体现了苏轼诗词的代表风格——事、情、理的完美融合,只是该词的独特之处在于,先发问,一问一答中启发哲理思考,然后回到事中,再从事中说理,最后以情升华。在"理—事—理—情"的迂回穿插中,让人看到一个有血有肉、有情有义、可大可小的人,他在苦苦想念自己的弟弟,同时也把目光投向浩瀚的宇宙星空,天上人间的场景切换,事、情、理的完美融合,就像一部大片一样,场面恢宏,情节感人,发人深思。

开篇说道的宏大和人的渺小。明月、天上的宫阙,都是自然大道,自然大道运行的规律是什么?明月什么时候出现,天上也以年来计算时间吗?在此,发问是一种思考,哲学就是从发问开始。在浩瀚的宇宙星空,一个人是多么的渺小,一个人的人生又是多么短暂。

人间虽然渺小且短暂,但人是有血有肉有感情的,可以快乐地起舞,即使是一个人,也可以很快乐。但"高处"、宇宙是冰冷的。老子是否也说过同样的话?老子说"天地不仁,以万物为刍狗"。宇宙万物虽然宏大,大道虽然覆盖万物、周行不殆,但那是一种不以人的意志为转移的客观存在,那里没有人间的感情,即使有时是相思之苦,也是人间独有的,就凭这一点,人间就值得。

想到这一点,从浩瀚的宇宙星空拉回到当下,回到那个想念弟弟想得无法入睡的这个人身上,此情此景,此时此刻,就在微小而短暂的时空点上,苏轼想明白了,"不应有恨",不应该有遗憾和抱怨。大道虽然宏大、恒常,但没有人间的温情和快乐,这一点就不如人间好。因此,各有各的好和不好。月亮的阴晴圆缺,宇宙万物的阴阳变化,都是一种定数、规律,人的悲欢离合也是"大道"运行的体现。

所以,不要追求长久,不要希望完美,不要抱有不切实际的执念。最后发出的"但愿人长久,千里共婵娟",是表达一种强烈的感情,是感情的升华。在这里,不是在追求"人长久"和"婵娟",而是希望自己和千里之外的弟弟都可以长长久久,像道一样"长生久视"。虽然我们远隔千里,但我们的心是在一起的,是可以感应到彼此的,一起来欣赏这美好的月色。

人,在大道面前是渺小的,但不要因此就把自己看得很渺小,而把艰难险阻看得很大,不要总是生活的阴影里。人很渺小,但人心却可以很大。大道无言不仁,人心是温暖仁爱的。我们在自己渺小的世界里,完全可以活出自己的精彩。面对眼下的困难和束缚,我们需要可以解脱出来,需要解锁自己的小系统,去和宏大的宇宙对话,用自己的心去感应道的宏大、阴阳共生、生生不息,然后从中得到滋养,得到力量,重新发现生活的美好,用一颗炽热的心去生活。

二、《满庭芳·蜗角虚名》——以观其微,无为不争

苏轼历经磨难,一次次想整顿受伤的心灵重新出发,但等来的是不断地被贬、流放。仕途无望,生活艰难,相思之苦,让苏轼学会了看淡、放下,努力从现实的压力、愤懑中解脱。因此,才会有众多感叹人生短暂、渺小的诗词,哲思意味极其深厚。比如:

人生到处知何似,应似飞鸿踏雪泥。——《和子由渑池怀旧》

世事一场大梦,人生几度秋凉?——《西江月·世事一场大梦》

浮名浮利,虚苦劳神。叹陈中驹,石中火,梦中身。——苏轼《行香子·述怀》

世路无穷,劳生有限,似此区区长鲜欢。——苏轼《沁园春·孤馆灯青》

不识庐山真面目,只缘身在此山中。——苏轼《题西林壁》

在自然大道面前,人何其渺小,人生是多么短暂。但世人就是看不透,识不得大道的"庐山真面目",只能困在一时一地,去"虚苦劳神"地追求"浮名浮利",到最后只是一场梦,留在世上的就像雪泥里留下的飞鸿爪印,一切痕迹很快就会消失。可叹啊,人的一生只是"隙中驹,石中火,梦中身",像快马驰过隙缝一样短暂,像击石迸出火花一样转瞬即逝,像做梦中的经历一样虚幻。

对此表达得更深刻、全面的是《满庭芳·蜗角虚名》。

满庭芳·蜗角虚名
[宋]苏轼

蜗角虚名,蝇头微利,算来着甚干忙。事皆前定,谁弱又谁强。且趁闲身未老,须放我、些子疏狂。百年里,浑教是醉,三万六千场。

思量、能几许?忧愁风雨,一半相妨,又何须,抵死说短论长。幸对清风皓月,苔茵展、云幕高张。江南好,千钟美酒,一曲《满庭芳》。

蜗角虚名来自《庄子·则阳》"蜗角之争"的故事:蜗牛很微小,它的两只角上的国家,还要不停征战,是不是很可笑?世人又何尝不是这么可笑?

在宇宙万物面前,人也是渺小的,为了眼前的虚名小利争斗不止,被眼前的名利困在小地方不得解脱,想想是多么可悲。人生百年,短短三万六千天。趁着未老之时,尽情地解放自我,解除当下世俗系统的封锁,且把忧愁放下,不要管别人说短论长,对着清风皓月,张开胸怀,活出自己。

苏轼在这首词里表达了老子的一个重要思想,要"以观其徼"和"无为不争"。从自己的小我、短暂的人生中跳出来,看到"道"的宏大,认识到人的渺小和人生的短暂,不要在这个渺小而短暂的系统里打转、困住,为了眼前的名利而争斗不朽,要知道,不管谁弱谁强,不管是输了还是赢了,这些名利最终都是"浮名浮利,虚苦劳神",一切都是浮云,为了这些名利争斗都是瞎折腾,为了虚妄的名利去劳心劳神实在不值得。

三、《定风波》——不欲以静,天下将自定

苏轼另一首充满道家思想的词是《定风波》。从小事入理,把老子"不欲以静,天下将自定"思想诠释得出神入化。

定风波

[宋]苏轼

三月七日,沙湖道中遇雨。雨具先去,同行皆狼狈,余独不觉,已而遂晴,故作此。

莫听穿林打叶声,何妨吟啸且徐行。竹杖芒鞋轻胜马,谁怕?一蓑烟雨任平生。

料峭春风吹酒醒,微冷,山头斜照却相迎。回首向来萧瑟处,归去,也无风雨也无晴。

首先这个词牌名就颇有哲理。"定风波"既是说具体的在风雨中镇定自若这件事,也含有如何在名利争斗的风波中保持安定之意。

先交代背景:在沙湖(今湖北黄冈东南 30 里,又名螺丝店),路上遇见下雨,大家没有雨具,同行的人表现出进退两难、困顿窘迫的狼狈之状,只有我好像没有感觉似的,过了一会儿天晴了,就创作了这首词。背景里面说了这个小事儿,由这个小事儿开始说理。

在常人眼里,下雨了又没带雨具,感觉是很狼狈的事,要赶紧找地方躲雨。

在常人眼里,拄着拐杖穿着草鞋走在路上,肯定没有骑着马有面子。这些都是世俗人的反应,都是世俗价值判断系统。

下雨了,就一定得躲吗?雨中行走,不也是一种选择和体验吗?简简单单的,穿着蓑衣在夜雨中走,也是一种人生态度,这样任性地走下去,又怎样?这样走也可以胜过骑马,只要你认为这样也是乐趣,可以认认真真地欣赏路边的风景,不也挺好吗?虽然有"料峭春风"吹在脸上的微冷感觉,山头初晴的斜阳即刻送来温暖,痛苦和美好,寒冷与温暖,切换就在转瞬即逝之间。

回望走过来的风风雨雨,只要守着自己的根本,这些,既无所谓风雨,也无所谓天晴。

这就是老子所说的"不欲以静,天下将自定""欲不欲,不贵难得之货"。没有追求世俗名利的欲望,不以世俗常人的欲望作为自己的欲望,不给世俗价值系统所锁定、束缚,就能做到"天下将自定"。这里的天下,是心里的天下,即使天下真的有风波、扰动,自己的心也是安定的。

四、《观潮》——不我执,平常心

除《定风波》之外,苏轼另外一首哲思意味极深的诗是《观潮》。

观　潮

[宋]苏轼

庐山烟雨浙江潮,未到千般恨不消。

到得还来别无事,庐山烟雨浙江潮。

《观潮》是苏轼在临终之时给小儿子苏过手书的一道偈子。理解这首诗,可以先看一下同时期苏轼的另外一首诗,明白了此时苏轼的心境,方可更加明白苏轼这首诗的含义。

苏轼在病逝的两个月前,面对自己的画像,在生命的尽头,回首一生,写下了《自题金山画像》:

自题金山画像

[宋]苏轼

心似已灰之木,身如不系之舟。

问汝平生功业,黄州惠州儋州。

表面上看苏轼是在悲凉自嘲,说自己一生壮志未酬,一次次遭贬、流放,晚年依然沦落,说自己无奈和心灰意冷。其实则不然。"心似已灰之木"是借用庄子的"心灰"。"心灰"出自《庄子·齐物论》:"南郭子綦隐机而坐,仰天而嘘,荅焉似丧其耦。颜成子游立侍乎前,曰:'何居乎? 形固可使如槁木,而心固可使如死灰乎?'子綦曰:'偃,不亦善乎而问之也! 今者吾丧我,汝知之乎?'"庄子说的"形如槁木,心如死灰"指的是"吾丧我"。"吾"指实在的自身,"我"指自我的意识。"吾丧我"是我已没有了自我的意识,没有了那个小我,融入了天地宇宙的大我,形容不为外物所动的一种精神状态。"不系之舟"出自《庄子·列御寇》:"巧者劳而智者忧,无能者无所求,饱食而遨游,泛若不系之舟,虚而遨游者也。"后以"不系舟"比喻自由而无所牵挂。苏轼在生命的尽头,说自己"心似已灰之木,身如不系之舟",是说此时的自己已经看透了人生,做到了不为外物所动、自由洒脱。扪心自问,自己一生的经历,就是一次次的被贬流放,但就是在一次次的坎坷之中,锻炼了自己,解脱了自己,也成就了自己,不仅做到了人生的"吾丧我",就像"不系之舟"那样了无牵挂、自由遨游,也成就了自己在诗词等方面的艺术成就。

苏轼一辈子走来,仕途是高开低走,艺术成就却是不断上扬,这就是我们常说的,上天为苏轼关上了仕途的门,却为他打开了艺术的窗,正是这个艺术的窗,让苏轼能够穿越千年时空,依然在中华文化版图上熠熠生辉。如果历史能够假设,假设苏轼在仕途高歌猛进,我们还能看到那个开豪放一派的诗词大家吗?还能听到"一蓑烟雨任平生"的人生感悟吗?中华文化里还会有那个天真、豪放、真性情、有大爱的鲜活人物吗?因此,后两句"问汝平生功业,黄州惠州儋州",可以说是苏轼的一种自嘲,自嘲在仕途混得一塌糊涂,也可以说是苏轼的一种大实话,因为自己一生的艺术成就就是在这个过程中一步步实现的。

在生命尽头,曾经豪情万丈的苏轼,变得超脱、淡然。其实,豪情和淡然,并不矛盾,而是硬币的两面。豪情,是"跳出三界外,不在五行中",是摆脱世俗系统束缚、融入天地大系统之时的酣畅淋漓。淡然,是在融入天地大道的大系统之后,再回望世俗社会里的坎坷和波折,就显得那么渺小,感觉一切都云淡风轻。

从《自题金山画像》中,我们可以看到,即将抵达人生终点的苏轼,回首自己的一生,曾经的风风雨雨都不算什么了,曾经的豪言壮语也烟消云散了,人生不过如此,风雨也罢豪情也罢,那都是一时一地的体验罢了,终究要放下牵挂回归自然大道,终究要回归"静"的根本,"不系之舟"就是没有牵挂和羁绊,"已灰之木"就是大道的"静"。

理解了此时苏轼的心境,我们再看《观潮》,就会更容易明白其中的深意。《自题金山画像》是苏轼的一种扪心自问,对自己一生的功过得失做个总结。

《观潮》就是苏轼的一种人生价值观输出,输出给了自己最亲爱的儿子,那一定是最真诚、最宝贵的人生财富,其中饱含了对"道"的深度诠释。我们看一下,这个苏轼眼里最真诚、最宝贵的人生财富是什么,什么才是人生大道。

"庐山烟雨浙江潮"中,庐山烟雨缥缈微妙,钱塘江潮汐宏伟壮观,多么像"道"的"微"(微小)与"徽"(宏大),小的微妙,大的宏大,都是美好的东西。这些美好的东西,经过别人的传播,就在我们心中种下了一颗欲望的种子,这个种子发芽长大,不断成长,驱使着我们去得到、拥有这些美好的东西。如果"未到",即这个欲望没有被满足,就会"千般恨不消",就会有太多的遗憾、失落,而且难以消除,甚至遗憾终身。

后面两句"到得还来别无事,庐山烟雨浙江潮"一句颇有玄机。字面意思是,等终于亲临庐山、浙江,看到了蒙蒙烟雨、澎湃潮水,却发现一切都是过去的冲动妄念,庐山烟雨就是庐山烟雨,浙江潮水就是浙江潮水。

有人认为这体现了禅悟的三个阶段,也即入禅的三种境界:见山是山,见水是水;见山不是山,见水不是水;见山是山,见水是水。这是由《五灯会元》卷17所载青原惟信禅诗的一段著名语录演化而成。语录的原句是:"老僧三十年前未参禅时,见山是山,见水是水。及至后来,亲见知识,有个入处,见山不是山,见水不是水。而今得个休歇处,依前见山是山,见水是水。大众,这三般见解,是同是别?有人缁素得出,许汝亲见老僧。"

实际上,后两句也体现了老子"道"的思想。苏轼在这两句中,赋予了更深入的人生大道。尤其是"到得还来别无事",到底是什么意思?就是简单说亲自去看看吗?

也许从一首偈颂中可以找到答案。这是有关唐朝赵州从谂禅师的一则公案诗。

赵州八十犹行脚,只为心头未悄然。

及至归来无一事,始知空费草鞋钱。

——明·莲池法师

一位学僧向赵州参禅,问他:"宇宙有成住坏空,要是有一天,风吹初禅,水淹二禅,火烧三禅,世界毁坏时,我们的肉身还会不会存在呢?"赵州禅师回答说:"随他去!"赵州对自己的回答一直不满意,但也一直没有更好的悟解,就想出外寻师访道,因此有"一句随他语,千山走衲僧"的公案流传下来。

上面公案诗的大致意思是:赵州禅师虽已年届八十高龄,还要寻师访道,是因为内心还没有弄明白,生从何处来?死往何处去?生老病死的因果到底是什么?难道说不明白就可以随他去吗?因此,赵州禅师出外行脚多年。直到回来,才知道,一切皆空,都是自己的妄念,在外面苦苦寻道,到头来都是白忙活。

可以看出,苏轼的《观潮》有赵州参禅"一句随他语,千山走衲僧"公案的影子。《观潮》中的"到得还来"有最终归来的意思,人生几十年,苦苦追寻的东西,不管是美景、美物等欲望所指,还是探寻自己心头的疑惑,到头来都是"别无事",准确说是"无别事",都是虚妄,都是自己的贪念和我执。"庐山烟雨浙江潮"就在那里,已经存在了千万年,不管你有多么喜欢或不喜欢,它都在那里。

"庐山烟雨浙江潮"就是"道"的体现。"无名,天地之始;有名,万物之母",没有人类之前,已经开始,人类发现明名之后,才有了人们眼中念念不忘的那个美妙无比的烟雨、大潮。人们去喜欢、追求这些美妙的东西,那是他们的事,那是他们的认知系统和价值观问题,而这些对东西本身没有丝毫意义。

苏轼通过这首传家的诗,应是想告诉儿子:

人们眼里的事物只是自己内心的投射,事物不以人们存在与否、评价好坏而改变。所谓"天地不仁",天地万物本身没有好恶,好恶来自人的内心。因此,想欣赏万物的美好,要像大道万物一样利他不争,必须修好自己的内心。

不要我执,不要喜欢就追求不止,得不到就痛苦不堪。因为"为者败之,执者失之"。

不要卷入世俗系统,不要因为众人都说好,自己就想方设法得到。因为老子告诫我们:"是以圣人欲不欲,不贵难得之货。学不学,复众人之所过。以辅万物之自然,而不敢为。"

要"见素抱朴",发现万事万物的自然本性,要看到万事万物背后的"大道"。庐山烟雨就是庐山烟雨,钱塘大潮就是钱塘大潮,这就是自然大道的体现。烟雨之下,草木茂盛,大潮之内,鱼虾成群。这里有道的"负阴而抱阳",有道的周行不殆、生生不息。

人这一辈子,还是要保持本性、天真,不要被世俗社会的价值评判左右,不要被名利欲望系统控制,一切都要自己体验,以一颗平常心对待,不要有比较心、争胜心。如在《定风波》中所说"一蓑烟雨任平生",凭着一件蓑衣就可以在烟雨之天行走天下,因为这就是自己的平凡人生,这就是自己的生命体验,不要去羡慕别人。

这是苏轼在看透了政治纷争、经历了波折动荡后的大彻大悟,原来,人生平平淡淡才是真,过好自己的一生、融入自然大道才是最重要的。

《新唐书》中《陆象先传》说:"世上本无事,庸人自扰之。"世界是简单的,人心是复杂的,世人被名利欲望、价值判断等各种系统枷锁所控制,因此也就滋生了很多烦恼,往往是无事生非、自寻烦恼。

从系统枷锁中走出来,看到自己的本心,以一颗真心、平常心去爱这个世界,享受生命的体验,过好自己的人生,这才是 35 岁以后进入人生下半场的频道切换,这才是对余生负责任的交代。

第 7 章

问道老子,解锁 35 岁以后人生

中华文明,上下五千年,老子之前 2500 年,老子之后 2500 年。2500 年前,老子在中华农耕封建文明的起点,看到大道废、人心不古,就对人类的前途和命运进行思考,发出了代表中华智慧巅峰的警示:清静为天下正,不要追求"生生之厚"而进入"死地",要少私寡欲、"为腹不为目""不贵难得之货"方可进入"长生久视"的可持续发展之路。

2500 年后的今天,若老子看到人类高度发达的工商业文明和日新月异的科技,看到现代社会的 35 岁后人群,这个社会的中坚力量、家庭的支撑力量,在承受着欲望的煎熬、生活的重担、事业的困境,会提出哪些忠告呢?

我们不妨穿越 2500 年的时空,当面拜访老子,向老子求教人生之道,到底该怎样在 35 岁冲出人生的"亚马孙"? 35 岁之后,该怎样过好自己的一生?

第一节　以不变应万变才是生存之道

郭生：

老先生，您好！我是 2500 年后的后生，敝姓郭。知道您尊姓李，大名"耳"，后世人都尊称您为"老子"。我结合现代人的称呼，改为了"老先生"。"老"为"老子"之"老"，也含有"长生久视"、年龄之老，又为尊称，指阅历之厚、智慧之深。"先生"意为老师，如最早用"先生"二字的《曲礼》所言："从于先生，不越礼而与人言。"用"老先生"称呼您，希望不要介意。

作为 2500 年后的一个普通人，有机会向您请教真的非常荣幸、高兴，希望您以老师之名之义，给予指点、教导，晚生在此深表感谢！

老子：

你来自 2500 年后？那是个什么时代？人们过得还好吗？

用什么称呼关系不大，我讲过"名可名，非常名"，名字就是一个代号，不能完全代表一个人，也不是永远都不会变的。只要有一颗真诚的心，就足够了。不过你说的也有道理，"老先生"倒是有些贴切。

郭生：

2500 年前您所在的时代，是中华农耕文明发展的初期。2500 年后的今天，已经是工商业文明高度发达的时代，靠各种机器，集中性地生产，然后通过市场交易卖给需要的人。人们处在高度分工协作之中，自己的生活需要别人服务，自己也在时刻服务别人。

人们的衣食住行等生活条件大大改善。"衣"不仅能穿得暖，还要穿得时尚、个性、舒适，衣服已经成为时尚潮流产品。"食"不仅能吃饱，还讲究色香味，还要有营养、要健康，吃饭已经成为社交方式，也有人追求吃得美味、奇特。"住"得也今非昔比，住在高楼大厦里，里面冬有暖气、夏有空调，一年四季冻不着、热不着，还有各种现代化的电器，这些您都没见过，也想象不到它们是干什么的,总之就是,生活中的很多事情都交给了机器,很多活不用自己下手干了。"行"有地铁、汽车、火车、飞机,马车只能在博物馆里看到了,"日行千里、夜行八百"已经成为一件再平常不过的事情。在这个时代,人们享受着高科技的便利,以及高度分工协作的网络社会,生活的方方面面都有专人的专业服务。

但现代的人们,真的过得很好,很幸福吗?我也不断问自己,为什么我们的生活条件大大改善了,但我们的幸福感却没有同步改善或提升?就拿我们35岁后一直到四五十岁的人来说,童年在饥饿和贫困中度过,什么都是稀缺的,现在物资已经很丰富,但快乐却成为稀缺的了。回想一下童年,一个糖块、一个自制的玩具,一件新衣裳,都带来满满的幸福感,让我们高兴半天,现在已经很难再找到这样的快乐了,孩子们也不曾有这样的感觉。人到中年,我们感受更多的是压力和焦虑。

就拿我自己来说,已经是40多岁的人,人生已经过半,在精力和经验都处于最好的年纪,却常常有一种无力感,之前苦苦追寻的所谓经验、能力,好像现在大幅贬值了。在大学的时候,我的梦想是做顶尖的广告策划人。毕业之后四处求职却屡屡碰壁,后来终于有机会进入一家小的广告公司,总算进入了这个梦寐以求的行业,虽然这个行业没有想象的那么美丽。我在那家小广告公司一年时间,其间我树立了一个目标,就是用10年时间,把广告行业里的媒体、企业、广告公司走一圈,积累丰富的经验,成为顶尖的高手,拥有自己的位置。随后的发展似乎按照这个轨道走,进入一个知名媒体做策划5年,进入一家大型企业做品牌管理两年半,然后在专业的广告策划公司2年多,随后又自己创业2年多。但12年下来,离自己的目标还很远,没有想象的那样成为顶尖高手,也没有自己的一席之地。更多的感觉是,自己辛辛苦苦积累的经验、能力,一夜之间贬值了,传统的玩法被颠覆了,所谓的经验和能力也被颠覆了,但家庭、生活的压力却在不停增长。感觉自己一直在努力,但到头来却还是有一种无力感。

我想请教"老先生",这是为什么?是自己不够努力?还是方向错了?

老子：

文明就是一把双刃剑，改善了人们的物质生活，也把人捆绑得死死的，把一个个独立的人捆绑在了一群人、一个社会的系统里。我在《道德经》里说的"少私寡欲""小国寡民"就是文明之初的形态，那时的物资是匮乏的，仅仅是能填饱肚子，但人们的生活是安逸闲散的，人与人之间的关系还很弱，还是一种自然而然的状态，也是"道"的状态。到了我生活的年代，文明程度大大提高，物质有了富余，人们把富余的东西加工成了更加美妙的东西，比如粮食多了就酿了酒，穿的衣服从麻到棉，甚至出现了更加舒适、好看的绸缎，等等。但这些好东西是稀有的，人们也渐渐地有了贪欲、争斗。追求更加美好的东西，是人类文明发展的推动力，也是人类社会贪欲、争斗的源泉。人类整体的动力，却是一个人生存的压力，这就是一阴一阳的大道。

到了你们生活的2500年后，文明高度发达，不仅意味着物质的极度丰富，也意味着发展的节奏更快了。人天生是不喜欢变化的，但为了适应社会，必须学会变化，就要不断学习新东西。所谓学习的新东西，不仅是知识，还包括新的理念、新的现象、新近发生的重大事件等。因为一个人与整个社会紧密相连，他必须了解周围乃至更大范围内发生了什么，这样才不至于脱离不断变化着的社会。因此他必须持续、不断地努力，才能赶上这个不断变化、节奏加快的社会。但人的精力是有限的，时间也是有限的，随着文明的不断演化，发展速度不断加快，一个人学习的东西总也学不完，需要学的东西会远远超出自己所能接受的，最后只能选取一部分来学习，或者学习知识，或者学习技能，或者去学习轻松的东西，比如模仿一种现象，关注花边新闻等。学习什么，学习的精力和时间是怎么分配的，这决定着一个人走向不同的道路。

一个人最应该学习的是"道"，因为"道"是根本，是原点，是相对稳定不变的，它适用于万事万物。学会并懂得运用"道"，就有了走遍天下、应对宇宙万物各种变化的法宝。其次学习的各种知识、技能只是"术"，"术"是"道"在不同层面的体现，是"道"的细枝末节。最后所有了解的各种新闻、现象，是各种"术"开的花、结的果。就像一个大树,"道"是根,"术"是枝干,"事件""现象"只是枝头上开的花、结的果。花果枝叶可能随风飘落或折断,但根不会,根永远扎在泥土里一动不动。但如果根也动了,大树的生命也就即将结束了。作为一棵树,要时刻守护好自己的根。我们常说"命根",根就是命,要想活命就要养好根,去守护相对不变而重要的东西(图7-1、7-2)。

图7-1 事、术、道的树木关系

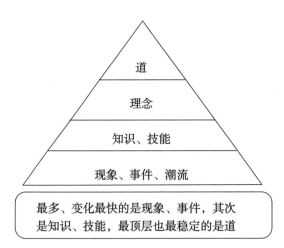

图7-2 日常接触事物的不同层次

实际上,人们容易被新现象、大事件所吸引,去学习各种新知识、新技能,去拥抱变化。如果社会变化太快,人们就会跟不上,感觉疲惫,而且跟在各种变化后面,享受不到变化带来的短时间内的红利。

在文明高度发达、节奏不断加快、竞争压力不断增大的情况下,如果以变化应对变化,那将是一种徒劳,再努力也跟不上变化,最终只能无能为力。只有以不变的东西,来应对万变,才是生存之道。这在你所描述的 2500 年后的时代,更加贴切。

郭生:

听"老先生"一席话,真是胜读十年书。我们这个时代,太关注变化、创新了,我们从孩童时代就要努力学习,一直到 20 岁上了大学,还要考研究生,继续学习,工作中还要不断学习。但感觉越学习越学不过来,我们越想拥抱变化越难以把握变化。我们的最大问题是想用自己的变化来应对周围的变化。我们想用一己之力掌握几代人积累下来的新知识,想用短暂的几十年时间去博弈整个社会、时代的变化。这注定是杯水车薪。我们所有的困境、挫败,就在这里。

既然用变化应对变化,注定是死路一条,那我们是不是应该以不变应万变?什么是不变? 在这个时代,该怎样做好不变?

老子:

这是个好问题,变与不变之间,体现着中华民族的最高智慧。一阴一阳之谓道。完全没有变化,世界就是一片死寂,没有任何生机。只有变化,方生方死,瞬息万变,花鸟虫鱼也无法生存,人类也无从感知、熟悉这个世界。到底哪些东西可以变,哪些东西不能变,有几分的变化、几分的不变,什么时候该变,什么时候不改变,阴与阳之间,不变与变化之间,微妙的关系最是难以把握。

关于变与不变,我想专门讲一下。

郭生:

有请老先生,晚辈洗耳恭听。

第二节　人生的变与不变

老子：

我在《道德经》的过程中说"道可道,非常道;名可名,非常名",一旦我们讲出来道,就不是那个恒常不变的"道"。"道"是覆盖宇宙万物的,在无限的时间和空间范围内都适用的,是稳定不变的。道不是宇宙万物却支配宇宙万物,道没有变化却支配变化。

我们要向道学习,在人生百年中,找到一个最像"道"的东西,无形的、支配自己做事又稳定不变的东西,然后拿这个东西去对待周围的事物,去应对各种变化。

郭生：

我在拜读您的《道德经》中,找到了这个人身上最像"道"的东西,我觉得是心。心是无形的,心在支配我们接人待物、为人处世。我们常说心想事成,心动才能行动。正是有了起心动念,我们才会迈出第一步。1500 年后,陆九渊提出"心即理也",以及"宇宙即是吾心,吾心即是宇宙"。2000 年后,王阳明提出"心外无物、心外无事、心外无理"的心学思想。可见,人的内心是和宇宙、大道相对应的。但有一点不明白的是,您说"道"是"常道""恒道",是比较稳定的,但我们的"心"却不是恒常的,而是复杂多变的。这一点和"道"不同。人身上最像"道"的东西是不是心? 如果是,为何又会复杂多变?

老子：

看来你在读《道德经》的过程中进行了深入思考。我在《道德经》中多次拿各种事物来比喻"道"的不同特性。要说各个方面最能体现"道"的,一个是水,我说水"几于道",水的特性最接近道。说"上善若水",如果做到像水一样行为处事,就是最大的善。另一个最接近"道"的,就是我们的"心"。

如你所说,心无形无物、不可感知,但它却决定我们如何看待周围的事物,决定我们的一言一行。我在《道德经》中说："千里之行,始于足下。为者败之,执者失之。"世人多关注前半句,多理解为事物的成功都是由小到大逐步积累而成的。实际上,"足下"不是那个作为身体部位的"脚",而是我们的"内心"。千里之行,是指去自己心中的"远方",那个"远方"不仅仅指现在难以达到,还指脱离现实的世俗功利,是众多人心向往之的、充满美好的"远方"。因此,我们的内心是否有这个众人向往的"远方",是否有足够的意愿和信念去抵达这个"远方",才是我们向着远方一步步迈进的"千里之行"的第一步。如果我们在这个"千里之行"的每一步,加入了自己的私心妄念,加入了自己的执念,最终的这个"千里之行"就会失败。

人的一生,就是一次千里之行。在人生的终点,如果完成了这个千里之行,抵达了心中的"远方",那人生就是成功的。但现实是,大部分人没有实现千里之行。这分为四种情况。

第一种,没有千里之行的目的地,也就是我们常说的"远方"。"远方"有两个标准:是未来,超越现在,比现在更加美好;是"众人"的远方,是很多人梦寐以求的地方,而不是一个人的名利欲望。说白了,那个"千里之行"所要达到的目的地,是让一个民族、一个国家乃至全人类更加美好的地方,是大公无私的,是面向未来的。很多人追求的,是自己或家族等一小部分人的名利。很多人口口声声说的梦想,其实是对名和利的贪欲。

第二种,没有清晰、明确的和固定的"远方"。很多人虽然也有自己远大的理想、追求,但这种理想和追求是模糊不清的,自己也没有搞明白那是个什么样子。或者今天是这个样子,明天是那个样子。"远方"飘忽不定,奔向远方的道路就不确定。道路不一定是笔直的,可能充满曲折,但总的方向是清晰的。如果方向都不清晰,不确定,怎么可能实现。

第三种,信念、意志被摧毁,中途放弃了方向和目标。"千里之行"的过程中充满风雨,布满荆棘,也会有深渊险滩,如果有畏惧、退缩,就会放弃。因此,我在《道德经》中说"古之善为士者"会时刻保持谨慎、小心、警觉,就是要防范各种危险。

第四种，信念、意志发生动摇，中途改变了方向和目标。我在《道德经》中说"不见可欲，使民心不乱"、"五色令人目盲，五音令人耳聋，五味令人口爽，驰骋畋猎令人心发狂"，"千里之行"的过程中时刻会受到外部诱惑的干扰，让人心不安静、心乱发狂。很多人就是看到别人取得了名利，就去效仿别人，跟风模仿，中途改变了方向，"千里之行"也就无法实现了。而"古之善为士者"既能做到"浊中取静"，摒弃世俗社会各种欲望的干扰，不忘记自己心中的"远方"，又"能安以久动之徐生"，在环境、条件具备时继续前行，朝着既定的方向努力迈进。

"心"确实是人身上最接近"道"的东西。我们的"心"之所以难以做到恒常，是因为心无所属、心无所定，这样就容易受到外部环境的影响，遇到外部诱惑、艰难困苦，就会改变或退缩。

郭生：

听老先生讲，真是茅塞顿开。想不到我们经常说的"千里之行，始于足下"有这么多的深意。人的一生就是一次"千里之行"。

您在讲解中也告诉了我们人生的"不变"与"变"。

不变有二：一是"千里之行"的目的地也就是"远方"不变。要知道自己一生的追求是什么。我们常感叹人生短暂，恰恰是因为短暂，我们最大的资产——时间才显得那么珍贵。有限的时间，有限资源和精力，都不容我们去过多选择，去浪费人生。二是朝着目标前行的信念不变。不能被外部诱惑干扰，不能被艰难险阻吓倒，追求梦想、抵达远方的初心不能改变。

除了上面两个不变的，其他一切都可以改变。是"浊中取静"还是"安中生动"一切都视环境而定。这就叫"动善时"。在"千里之行"中，不断学习新技能、新的管理方法、新的沟通技巧，这就是您在"上善若水"中说的"事善能""正善治"和"言善信"吧？

老子：

正是如此，你能主动领会这些，也是一种"善"啊。

第三节　35 岁之后的人生该怎么过?

郭生:

老先生,最后想代表千千万万的普通人,向您请教一个问题,35 岁之后,我们该如何过好这一生?

老子:

在回答这个问题之前,我想问你一个问题,为什么你那么关注 35 岁之后的人生? 在你们那个时代,35 岁后的人生有什么不同?

郭生:

那我就给您说一下我眼里现代人的人生。

首先,我想谈一下我们生活的社会是一个什么样的社会,这决定着我们过的是什么样的人生。现代社会是高度发达的工商业文明社会。之所以说是高度发达,主要表现在:

科学技术日新月异、高度发达。交通科技发达,乘坐的高铁时速达到 300 多公里,飞机、高铁、地铁、公交、出租车、网约车、共享单车等各种交通工具无缝对接,人们的出行变得如此便利。通信技术发达,现在已经有 5G 通信技术,人工智能和各种机器人大量出现并广泛应用,手机上可以安装很多应用程序,一个小小的手机能帮助人解决很多问题,带来很多便利。生物技术发达,医疗技术先进,人的五脏六腑可以移植,基因可以改良。航天技术发达,人类的探测器已经抵达宇宙深处,人类可以乘坐宇宙飞船登上月亮,未来还要登陆火星。还有很多其他我不知道的科技。

商业文明高度发达。大企业、中小企业、个体工商户、自由创业者等各种组织形式组成一个生态,人们在这个生态里工作有分工也有协作。人们的分工更加细致,协作更加紧密。每个人都是社会运转系统的一环,都在为上下游链条上不同的人服务,也在接受着他人的服务。另外,老的商业模式成熟完善,新的商业模式不断涌现,各种管理制度不断健全完善。

社会竞争空前激烈。一个企业或组织要面对空前激烈的社会竞争。比如生产的产品要经过激烈的比拼才能赢得消费者,才能占有市场。要想找到顶尖的人才,要和大量的同行企业竞争。要想赢得资本的投资,也要在众多项目的比拼中获胜。企业之间的竞争是残酷的,失败就意味着失去发展的机会,甚至遭到淘汰。在社会生存也要经历激烈的社会竞争。一个人在经过长达十几年甚至二十几年的学习之后,要去和其他十几个、几十个人竞争一个岗位。即使工作了,也会面临同事之间的竞争。

其他的,还有人们的生存压力大,发展节奏快,各种社会服务或福利非常完善等。这是我眼里的社会特征。

其次,我来说一下我眼里的现代人的人生。我认为现代人的人生有两大特点:一是节奏快,二是压力大。在城镇化的过程中,大量的人口来到了城市。城市里生活很便利,但节奏也很快。一个人的人生,从小学开始,然后到中学、大学、参加工作、退休,其间结婚、养育孩子、赡养老人,所有的流程都好像被安排好了。什么时间干什么事,都有固定的时间,固定的流程,我们没有过多的选择。现代都市生活,人们的时间观念很强,每一天、每一小时、每一分钟都要计算。就是在这种秩序化、时间高度精细计算的过程中,每一个人在快速地消耗着自己的人生,甚至来不及停下脚步回望、思考、规划。另外,高度分工协作的社会,也给每个人带来了巨大的压力。不像之前,一个人可以自己动手做自己需要的东西。现代社会,生活的方方面面都需要购买,而不是自给自足。从最大的消费支出住房,到出行用的车子,乘坐的交通工具,身上穿的衣服,吃的粮食、蔬菜,用的电器器具,以及医疗卫生、教育孩子等,不仅需要支出的项目多,而且这些东西也更讲究、更专业、更昂贵。这些加在一起形成了人们巨大的生存压力,对于已组建家庭、上有老下有小的中年人来说,这个压力变得越来越大,甚至让人疲于奔命。

概括而言,人们在科技日新月异、商业文明高度发达、生存竞争更加激烈的现代社会,过着快节奏、压力大的生活,一切都在快餐化,一切都在追求效率,人生也在不知不觉间被快餐化，来不及细细品味就已经过去。

看到人们，包括我自己，过着这样的生活，感觉身不由己，感到我们被一种无形的力量给裹挟了，我们就像坐在传送带上，被巨大的力量推动着，经过一道道的加工，最后变成了一件社会而不是我们自己想要的产品，然后再在市场上被交换，像商品一样去迎合一种需求，创造一种价值。

人类发展到今天，那个生生不息、周行不怠的道，离我们远了吗？

人到中年，当我们感到困顿、迷茫时，到底该怎样做才是正道？

希望老先生给我，也是给这么多苦苦挣扎的现代人，传道、解惑。

老子：

人到35岁，是家庭的顶梁柱，在社会关系中处于枢纽地位，事业也迎来一个巅峰。这个群体牵涉千千万万家庭的幸福指数，在一个组织中也处于承上启下的核心地位。你能看到这个特殊群体的困境和痛苦，愿意用大道帮他们解惑，打开思维的封锁，突破发展的瓶颈，说明你在学以致用，悟道还要帮人行道。

有一些人把我的思想看得很神秘、玄虚，也有人觉得哲学是无用之学。殊不知，无用方是大用，有用反而是小用。一门学问，一种技能，确实能带来眼前的利益，解决吃穿用度问题，但它不能解决思想认知问题，不能帮助打破思维牢笼。处于社会中的人，最大的束缚是自己。一个人的心在个人欲望和世俗价值系统的长期熏陶下，变得油腻、短见，已经不能让人站得更高、看得更远，只会让人陷入争名夺利的世俗泥潭而难以自拔。能拯救自己的，只有突破欲望的牢笼，解放自己的心灵，重新擦亮自己那颗最朴素的真心。

也有人把我的思想定性为消极、出世。这就是人懒惰化的、简单粗暴的贴标签行为。我在《道德经》中说要"挫其锐，解其纷，和其光，同其尘"，是要像道一样混迹于世，做世界上的一粒微尘。我看到了我那个时代人的痛苦，人们变得虚伪奸诈，六亲之间变得不和，国家陷入混乱，因此提出要"绝圣弃智""绝仁弃义"，希望人们少一些私欲，少一些争斗，放空自己，回归大道。我用诚恳甚至有些急切的语气说要"为腹不为目"，要"少私寡欲"，真的希望人们能回归大道，做到"上善若水"。哪一点能说我是消极避世的？我主张的不是出世，不是劝大家逃离这个世界，而是要跳出自己的私心和贪念，从自我封闭的欲望系统里走出来，从世俗贪欲观念中走出来。

郭生：

后世人对您的误解真是太大了，这种简单、粗暴的贴标签、评判，真是害人不浅。

从您的文字中，我能感受到你对当时社会秩序混乱、个人私欲膨胀导致的关系紧张的不满，努力用文字让人们惊醒，希望人们回归自然大道，有时谆谆教导，有时大声斥责，有时像是苦口婆心地劝说。不管怎样，让人类在享受文明成果的时候，发出了一个清晰的声音，这个声音就是——注意私欲系统的封锁和禁锢，警惕偏离大道走入死地。

还是回到2500年后的现在吧。依您看，现在和您那个时代相比，人类与"道"的关系出现了什么变化？是更远了还是更近了？

老子：

我是多么希望人类能回归自然大道，过着无忧无虑、小国寡民的生活，也就是那种生活简单而淳朴、贫乏却怡然自得的生活。但是，遗憾的是，从你的描述中可以看出，人类与"道"的关系是更加疏远了。因为，自然大道向来都是宽松的，仁慈的，是滋养万物、利而不争的。人类社会逐渐弱化与"道"的关系，人与人之间的关系，具体说是人与人之间的竞争、争斗，正逐渐强化并居于主导地位。金钱、文化、制度、分工等，原本都是没有的，都是后来人为设计的，这些构成了强大的系统，这个系统牢牢地控制住个体。这个系统越来越大，设计越来越精密，对人的控制也越来越牢固，让人只在这个系统里或者系统里的某个局部细小处思考，让人的私心贪欲不断滋长膨胀。私心贪欲的滋长又喂养了这个系统，让这个系统变得更加强大，最终让人在这个系统里无法自拔。正是这个强大的系统，最终让人感到窒息、压力和焦虑。

这种无形的系统，这个文化与文明的互相促进、循环推动的过程，就像巨大的旋涡,把很多人卷入其中,形成了强大的力量。正是靠着这种力量,让人类在物种丛林中生存下来,并不断发展壮大,最终统治地球。现在,人类依赖于这个系统,驾驶着这个战车一路狂奔,胆子更大,欲望更大,民心乱而心发狂。当人刚成为人的时候,面对危机四伏的周围环境,会有一些恐惧、警觉,但文化让大规模的人汇聚在一起,能够大规模的协作,创造了狩猎文明和农耕文明,人类不再为生存而战,不再为温饱而愁,因此有了底气,变得自信,不再害怕,但依然对自然、对宇宙万物保持敬畏,依然遵从春生、夏长、秋收、冬藏的自然规律安排生产和生活作息,人类与大道还能够和谐相处。

后来,根据你的描述,人类以为发现了各种规律,了解了自然大道的运行密码,创造了很多自然没有的东西,就变得更加自信,甚至自傲了,有点唯我独尊、为所欲为,没有太多顾忌和敬畏。人们可以吃所处季节本不应有的食物,夜晚有了照明,可以想干什么就干什么,有了发达的交通工具,可以想去哪儿就去哪儿,还可以去太空遨游,可以登陆月球,未来还想登陆火星。殊不知,人类的系统再强大,人类的科技再发达,也不过是宇宙万物的一粒微尘,能力再强大,也改变不了覆盖宇宙万物、周兴不殆的大道。如果眼里没有大道,没有对大道的敬畏,只有自己的欲望和执念,人类驾驶的战车迟早会失控,要么失去方向陷入困境,要么速度过快而提前抵达终点。好在,人类总有先知先觉者,人类拥有自我反省和自我纠偏的能力。

郭生:

现在的人类真是自信得过头,有点自傲了。但就我个人而言,感觉自己没那么自信,更多的是紧张和焦虑。这是为何?

老子:

接下来,我们就聊聊身处强大系统中的个人。

当人类的文化与文明系统不断强大,系统运转更高效,对于一个人而言也就意味着:

第一,要花大量的时间去学习、适应这个系统,才能不被系统抛弃。

为了适应这个系统，在这个系统中生存，一个人的学习时间变长，学习强度变大，学习变成了被动适应系统的行为，而不是好奇心和兴趣使然。因此，一个人长时间的学习，高强度的学习，在竞争中学习，会感到疲惫、压力和焦虑。这对一个人来说不是好事。如果从童年到成年，20 年的时间都用来学习，而且是在被动且痛苦地学习，就会慢慢失去对这个世界的兴趣，快乐少了，痛苦多了。为了适应这个不断演化、迭代的系统，一个人需要终身学习。最终，即使终身学习也会感到力不从心。

在 35 岁，一个人如果主观上学习意愿不是那么强烈，客观上学习的时间不够充足，学习的精力和体力也跟不上了，就会被这个快速发展的社会系统淘汰、遗弃。

其实，我是不主张过多学习的。因为所谓的"学习"，学习的都是人类自己设计出来的东西，而不是"大道"。大道演化出人类，人类再总结出知识，与其学习人类的知识，还不如直接从根本入手，向"大道"学习。况且人类的知识还会与"大道"偏离，因此才有"为学日益，为道日损"之说，也就是学习人类的知识越多，有可能距离"大道"越远，对"修道"来说是一种损失。

第二，成为这个高速运转系统中的一个零部件，无条件服从系统安排。

一个人高度参与社会分工协作体系中，这个体系越来越精密，对人的控制也越来越紧，一个人也就更加依赖这个系统，最终不想也不能逃离这个系统。渐渐的，一个人也就失去了独立思考、判断的能力。这就是你所说的，虽然人们感受到压力、紧张和焦虑，但少有人能够真正遁世，去过自己想要的生活。

郭生：

原来我们都被一只无形的手——文化与文明相互促进、循环的系统——控制，我们都被不自觉的卷入其中。这就是我们现代人常说的"内卷"的含义吧。被一个系统捕获，然后牢牢地被这个系统控制，又充当了系统的食物，最终这个系统越来越强大，单个的人在这个系统中越来越渺小，以至于最后变得无能为力，只能"躺平"。

难道我们真的只能"躺平"吗？我们真的无能为力吗？我们到底该怎么办？

老子：

当然不是。如果这样，我也没必要写《道德经》了，咱们也就没必要在这里讨论了。

其实，系统并不可怕。人类一直生活在各种系统中。最大的系统，就是覆盖宇宙万物的"道"，是阴阳共生与转化。生活的地球，有山川湖泊、节气变换的循环系统。人类，有文化与文明的演化、发展系统。一个社会也有自己的运行系统。一个特殊群体，有自己的思维特征和行为方式系统。一个个人，也会有无形的想法、欲望和有形的言谈举止、行为处事系统。万事万物都处在运行的系统中，无一不受系统的影响和控制。

如果想要打破系统的束缚，首先要看到这个系统的存在，做一个自己的旁观者，去发现那个束缚自己、控制自己的系统。冷静地看一下，自己是被最小的系统——私域贪念所控制吗？自己一切的想法和动力都是从那个最小的我出发吗？去追求自己的一己私利？如果发现自己确实被这个私欲系统所控制，那解决的唯一途径就是，更换自己的系统，让自己升级到一个更高的系统，比如从自己的欲望升级到天下老百姓的欲望，为了让天下人过得更好。直至上升到"道"这个最大的系统，和宇宙万物同在一个系统。如果很好地适应这个系统、用好这个系统，那就是和宇宙万物在一起，宇宙万物都将依附，实现"不行而知，不见而名，不为而成"。

我提出的"欲不欲""不贵难得之货"，本质上就是要打破一般人头脑中的欲望、价值系统。追求别人不想得到的，不看重别人眼里的珍稀宝贝，就是要抛弃控制世俗人的那个系统，解除系统的束缚。我提出的"观"和"修"，就是逐渐养成在"道"这个最高层次的系统上看待周围的事物，并以此要求自己，让自己的一言一行都在这个系统层面。

郭生：

原来，您五千言的《道德经》，概括起来就是一句话，就是告诫人们要升级自己的思维系统，从最小的私心贪欲系统升级到最大的自然大道系统。

"无为"就是脱离世俗欲望系统，不要有被私心贪欲控制的"妄为"，只要自己不妄为，就可以在最高层面实现"无不为"，因为你的思维系统是最高的系统——道，在道的层面就可以实现无所不为。因为"道"是覆盖宇宙万物的，"道"是滋养、化育万物的。

"不争"就是不要在世俗欲望系统里面竞争，像他人那样被私心贪欲所控制，去和别人争夺私利，而是在像"道"那样主动给予、帮助别人，在给予、帮助当中成就自己，壮大自己。所以，"圣人不积，既以为人，己愈有；既以与人，己愈多"。

老子：

是的。其实我想说的很简单，核心思想就是这个意思。为了说明白这个道理，我多次运用比喻，多次举正反两方面的例子。有时候讲道理，有时候摆事实，有时候还抒情感叹一番，就这样还有很多人不了解、不明白。因为这些简单、朴素的道理，和大多数人的私心贪欲相抵触，和人们的直观感受、判断相违背，所以一般的人无法明白，甚至认为我不正常，是在说胡话。

郭生：

正是看似不正常，才凸显您的不平凡。在 2500 年前，您能做到视野如此之高、思想如此之深，真乃我华夏民族之幸，是全人类之福。尽管在当时很多人不理解、不明白，但时间会证明一切。在后世 2500 年的发展中，您的思想不断绽放光芒，尤其是在重大历史转折时期发挥了巨大的作用。

还是把话题拉回来，回到现代。一个过了 35 岁生日的人，该如何升级思维系统，做到向"道"看齐，安装"道"这个最大的系统？

老子：

看来你还是没有逃脱世俗人的局限，给我说一些"美言"，我也不会把这些

"美言"当真,因为"信言不美,美言不信"。

对于你们那个文明高度发达的时代,那个系统束缚更加严紧的时代,35岁以后的人可以思考下面问题。是否有答案,是否有清晰明确的答案,每个人都会不同,这也可以看出"道"这个系统在每个人心中安装的进度条,是1%、10%,是30%、50%,还是90%?每个人都应该客观冷静地问自己。

1. 你的初心是什么?

我们说"道生一,一生二,二生三,三生万物"。是什么在指挥着你去做各种事情?做事的出发点和原动力是什么?

在高强度、快节奏的学习、生活中,人们不知不觉被世俗思维系统牢牢束缚,可能没有认真想过自己的初心是什么,或者不记得孩童时代那个纯真、朴素的初心。那个初心到底是什么?到底是为什么去忙碌、拼搏?是为了更加富裕的生活?是为了比别人过得更好?还是为了一个更加宏大的使命?不明白自己的初心,就会失去努力的方向和生活的意义。

2. 你做到了少私寡欲吗?

你的那颗初心,受到多少私心贪欲的熏染?扪心自问一下,自己心中住着多少自私、欲望和贪婪?会在多大程度上影响自己的判断、干扰自己的决策?

3. 你找到了自己的安身之地吗?

你是否做到"居善地"?找到了属于自己的"善地"吗?是把这个"善地"当作长期居住的房屋还是临时的驿站?你考虑过离开这个"善地"吗?

你做到了"心善渊"吗?做到了心像"渊"一样深邃、深厚,像"渊"一样宁静、波澜不惊吗?

4. 你做到了"动善时"吗?

机会来了,你把握住了吗?机会退去,风险来临,你守住了吗?你会随波逐流吗?

随着人类知识不断积累,一个人要学习的东西会越来越多,最终将超出所能承受的极限。可能有更先进的机器来代替人的学习。到那时，人的智慧、思想将是机器无法取代的核心优势，对世界的好奇、思考、探索，将成为人类最大的资产，而不是学习力。

所以，35岁之后，你的学习力也许跟不上了，如果还在一味地拼学习、拼努力，你不仅拼不过机器，也拼不过更年轻的人，他们有的是时间和精力。好在，未来，一个人真正的竞争力不是学习力，人在学习方面是拼不过更强大、更聪明的机器的。人真正的竞争力是美好的心灵，是好奇心、探索心、利他心和坚韧心。

35岁之后，一个人有了更多的人生经历，再把自己的思维系统调到"道"这个最高智慧频道上来，站在更高的维度来认识自己，规划自己的人生，这才是真正的出路，才能帮自己解除小系统的禁锢和封锁。

郭生：

问题就是最好的答案，一个好问题胜过一个好答案。您问的每一个问题是我们这个时代每个人都要思考的重大命题。

先说初心。我们这个时代，很多人的初心是缺失的，但这是人生的必修课，我们需要好好地补上这一课。从幼儿园到小学、中学、大学，我们是被父母安排的，父母则是被世俗力量安排着。我们被动地进入这个流程，然后在这个流程、系统中竞争，或胜出，或淡出，上学时是这样，工作了依然是这样。好像一切都是天经地义，我们很少静下来想一想，这一切都是为了什么，自己最终的目标又在哪里？为什么要好好学习？为什么要拼搏向上？难道只是为了在众多的竞争者中胜出，在以后的日子里胜过很多人，过上体面的生活？剔除这些外在的因素，自己内心的驱动力到底是什么？胜出了自己快乐吗？如果没有胜出就只能承受痛苦？如果不争，如果不是为了生存，那是为了什么？是否存在一心为公、身为天下、宠辱不惊的使命感？听起来似乎是高尚的，甚至假大空的话，但我们确实需要扪心自问，上学、上班、创业，这一切的初心在哪里？初心不一定很宏大，不一定很高尚，但一定是排除外在的因素，发自肺腑，发自那个原本像道一样的"真心"，是可以让自己排除一切艰难险阻、勇往直前的最大驱动力，也是可以让自己经得起名利诱惑、不为风口所动的定海神针。在 35 岁,我们需要回顾来时路,看看哪些是被安排,哪些是被诱惑,哪些是自己真心所愿。在 35 岁,我们需要重新发现自己的初心,看这个初心是否还清晰依旧,或者它原本就是模糊不清的。

然后是关于欲望。在工商业文明发展的高级阶段,通过不断创造新的产品和消费场景,人的欲望被极大程度地激发。各种消费行为被创造、被引领、被普及,最后变成一种习惯,潜在需求被激发、被倡导,到最后成为一种基本的刚性需求,成为现代生活的标配。产品及消费体验又不断细分,区分低、中、高不同档次,以及多元化的个性标签,让人们不断追求更好的体验,追求珍稀之物、难得之货,正是珍贵和稀有,给人带来胜于他人的优越感。优越感就像是一个毒品,让人上瘾,给人不断更大的优越感。一个成功的人,很多情况下享受的不是自己的成长,而是自己优于他人,享受别人羡慕的眼光,以及鲜花、掌声。信息科技的发达,又在推动时尚潮流的更迭。时尚,就是欲望的创造和引领过程,在一波又一波的时尚潮流冲击下,人的欲望被一层层的放大。同时,信息传播之快,让时尚得以快速流传、推广,也让人可以在更大范围内比较、攀比,而攀比又会滋生欲望。

接下来是私心。现代社会分工复杂、精细,一个人再也不像过去那样熟悉整个生产劳动的全过程,不像农业社会那样熟悉某种或某几种农作物的播种、生长和收获的整个环节,只能是这个过程的一个片段、一个环节。长期下去,一个人就只会做自己熟悉的工种,只关心自己负责的那一亩三分地,这在无形中限制了人们的视野,禁锢了人们的思维。我们的眼里,还能看到多大的天下,还能做多少为天下人谋划的事情?

最后就是浮躁。我们可以随波逐流,随风向而起舞。一方面,我们变得更加自由,自由地选择往哪里去,自由地选择哪个公司、哪个职位,甚至是哪个行业。另一方面,一些媒体过多宣传创新、创业的成功案例,创新、创业的收益被渲染放大,其风险或成本被低估。我们经常为了商机,为了赚快钱、赚大钱,追着热点和风口跑,以投机的心态去选择自己的道路。这样,我们心无所安、身无定所,做不到"居善地、心善渊",为了"生生之厚"而去"疲于奔命",离"大道"就越来越远了。

现在,终于明白,35 岁,是人生的一道坎,是一个欲望缠身的坎,是一个世俗熏染的坎,是一个变动不羁的坎,要想跨过这道坎,就要认清自己,叩问内心,还要放大视野,心怀天下,最终要找到自己的"善地",让自己的心沉静、滋养、壮大,最后才能在风起云涌之中走自己的路、走出自己的节奏,顺势就飞龙在天,逆势就潜藏躲避,不管怎样,方向不变,脚步不停。

感谢老先生的启发教诲。您在 2500 年前对人类的警示、告诫,在 2500 年后的现在,以及再过 2500 年的未来,都不会暗淡、消逝,只会在历史长河和文明演进中历久弥新、生生不息。

《道德经》原文

第 1 章

道可道,非常道;名可名,非常名。

无,名天地之始;有,名万物之母。

故,常无欲,以观其妙;常有欲,以观其徼。

此两者,同出而异名,同谓之玄。玄之又玄,众妙之门。

第 2 章

天下皆知美之为美,斯恶已;皆知善之为善,斯不善已。

故有无相生,难易相成,长短相形,高下相倾,音声相和,前后相随。

是以圣人处无为之事,行不言之教。

万物作而弗始,生而弗有,为而弗恃,功成而弗居。

夫(fú)唯弗居,是以不去。

第 3 章

不尚贤,使民不争;不贵难得之货,使民不为盗;不见可欲,使民心不乱。

是以圣人之治,虚其心,实其腹,弱其志,强其骨。

常使民无知无欲,使夫智者不敢为也。

为无为,则无不治。

第 4 章

道冲,而用之或不盈。渊兮,似万物之宗。

挫其锐,解其纷,和其光,同其尘。

湛兮似或存,吾不知谁之子,象帝之先。

第 5 章

天地不仁,以万物为刍狗;圣人不仁,以百姓为刍狗。

天地之间,其犹橐龠乎! 虚而不屈,动而愈出。

多闻数穷,不如守中。

第 6 章

谷神不死,是谓玄牝,玄牝之门,是谓天地根。

绵绵若存,用之不勤。

第 7 章

天长地久。天地所以能长且久者,以其不自生,故能长生。

是以圣人后其身而身先,外其身而身存。

非以其无私邪? 故能成其私。

第 8 章

上善若水。

水善利万物而不争,处众人之所恶(wù),故几(jī)于道。

居善地,心善渊,与善仁,言善信,正善治,事善能,动善时。

夫唯不争,故无尤。

第9章

持而盈之,不如其已。

揣而锐之,不可长保。金玉满堂,莫之能守。富贵而骄,自遗其咎。

功成身退,天之道也。

第10章

载(zài)营魄抱一,能无离乎?

专气致柔,能如婴儿乎?

涤除玄鉴,能无疵乎?

爱民活(治)国,能无为乎?

天门开阖(hé),能为雌乎?

明白四达,能无知(zhì)乎?

生之畜(xù)之。生而不有,为而不恃,长(zhǎng)而不宰,是谓玄德。

第11章

三十辐,共一毂(gǔ),当其无,有车之用。

埏埴(shān zhí)以为器,当其无,有器之用。

凿户牖(yǒu)以为室,当其无,有室之用。

故有之以为利,无之以为用。

第12章

五色令人目盲,五音令人耳聋,五味令人口爽,驰骋畋(tián)猎令人心发狂,难得之货令人行妨。

是以圣人为腹不为目,故去彼取此。

第 13 章

宠辱若惊,贵大患若身。

何谓宠辱若惊?宠为下,得之若惊,失之若惊,是谓宠辱若惊。

何谓贵大患若身?吾所以有大患者,为吾有身,及吾无身,吾有何患!

故贵以身为天下,若可寄天下;爱以身为天下,若可托天下。

第 14 章

视之不见,名曰夷;听之不闻,名曰希;搏之不得,名曰微。

此三者不可致诘(jié),故混(hùn)而为一。其上不皦(jiǎo),其下不昧。

绳绳(mǐn)不可名,复归于无物,是谓无状之状,无物之象,是谓惚恍。

迎之不见其首,随之不见其后。

执古之道,以御今之有,能知古始,是谓道纪。

第 15 章

古之善为士者,微妙玄通,深不可识。夫唯不可识,故强(qiǎng)为之容。

豫兮,若冬涉川;犹兮,若畏四邻;俨兮,其若客;涣兮,其若凌释;敦兮,其若朴;旷兮,其若谷;混兮,其若浊;澹兮,其若海;飂兮,若无止。

孰能浊以静之徐清?孰能安以动之徐生?

保此道者,不欲盈,夫唯不盈,故能蔽而新成。

第 16 章

致虚极,守静笃(dǔ),万物并作,吾以观复。夫物芸芸,各复归其根。

归根曰静,静曰复命。复命曰常,知常曰明,不知常,妄作凶。

知常容,容乃公,公乃全,全乃天,天乃道,道乃久,没(mò)身不殆。

第 17 章

太上,不知有之;其次,亲而誉之;其次,畏之;其次,侮之。

信不足焉,有不信焉。悠兮其贵言。

功成事遂,百姓皆谓我自然。

第 18 章

大道废,有仁义;慧智出,有大伪;六亲不和,有孝慈;国家昏乱,有忠臣。

第 19 章

绝圣弃智,民利百倍;绝仁弃义,民复孝慈;绝巧弃利,盗贼无有。

此三者,以为文不足。故令有所属,见(xiàn)素抱朴,少私寡欲,绝学无忧。

第 20 章

唯之与阿(ē),相去几何?善之与恶,相去若何?

人之所畏,不可不畏。荒兮,其未央哉!

众人熙熙,如享太牢,如春登台。

我独泊兮,其未兆;沌沌兮,如婴儿之未孩。

儽(léi)儽兮,若无所归。

众人皆有余,而我独若遗。我愚人之心也哉。

俗人昭昭,我独昏昏;俗人察察,我独闷闷。

澹(dàn)兮其若海,飂(liù)兮若无止。

众人皆有以,而我独顽且鄙。我独异于人,而贵食(sì)母。

第 21 章

孔德之容,惟道是从。

道之为物,惟恍惟惚。

惚兮恍兮,其中有象;恍兮惚兮,其中有物。

窈(yǎo)兮冥兮,其中有精;其精甚真,其中有信。

自古及今,其名不去,以阅众甫。

吾何以知众甫之状哉? 以此。

第22章

曲则全,枉则直,洼则盈,敝则新,少则得,多则惑。

是以圣人抱一,为天下式。

不自见(xiàn),故明;不自是,故彰;不自伐,故有功;不自矜,故长。

夫唯不争,故天下莫能与之争。

古之所谓曲则全者,岂虚言哉! 诚全而归之。

第23章

希言自然。故飘风不终朝(zhāo),骤雨不终日。孰为此者? 天地。

天地尚不能久,而况于人乎?

故从事于道者,同于道;德者,同于德;失者,同于失。

同于道者,道亦乐得之;同于德者,德亦乐得之;同于失者,失亦乐得之。

信不足焉,有不信焉。

第24章

企者不立,跨者不行。

自见(xiàn)者不明,自是者不彰,自伐者无功,自矜者不长。

其在道也,曰余食赘(zhuì)行。物或恶(wù)之,故有道者不处(chǔ)。

第25章

有物混成,先天地生。寂兮寥兮,独立而不改,周行而不殆,可以为天地母。

吾不知其名,强字之曰道,强为之名曰大。大曰逝,逝曰远,远曰反。

故道大,天大,地大,人亦大。域中有四大,而人居其一焉。

人法地,地法天,天法道,道法自然。

第 26 章

重为轻根,静为躁君。

是以圣人终日行不离辎(zī)重。虽有荣观(guàn),燕处超然。

奈何万乘(shèng)之主,而以身轻天下？轻则失本,躁则失君。

第 27 章

善行无辙迹,善言无瑕谪(xiá zhé),善数(shǔ)不用筹策,善闭无关楗(jiàn)而不可开,善结无绳约而不可解。

是以圣人常善救人,故无弃人;常善救物,故无弃物,是谓袭明。

故善人者,不善人之师;不善人者,善人之资。

不贵其师,不爱其资,虽智大迷,是谓要妙。

第 28 章

知其雄,守其雌,为天下谿。为天下谿,常德不离,复归于婴儿。

知其白,守其黑,为天下式。为天下式,常德不忒(tè),复归于无极。

知其荣,守其辱,为天下谷。为天下谷,常德乃足,复归于朴。朴散则为器,圣人用之,则为官长(zhǎng)。故大制不割。

第 29 章

将欲取天下而为之,吾见其不得已。

天下神器,不可为也,不可执也。为者败之,执者失之。

是以圣人无为,故无败;无执,故无失。

夫物或行或随,或歔(xū)或吹,或强或赢,或载或隳(huī)。

是以圣人去甚,去奢,去泰。

第 30 章

以道佐人主者,不以兵强天下。

其事好(hào)还。师之所处,荆棘生焉。大军之后,必有凶年。

善有果而已,不敢以取强。

果而勿矜,果而勿伐,果而勿骄,果而不得已,果而勿强。

物壮则老,是谓不道,不道早已。

第 31 章

夫兵者,不祥之器。

物或恶(wù)之,故有道者不处(chǔ)。

君子居则贵左,用兵则贵右。

兵者,不祥之器,非君子之器。不得已而用之,恬淡为上。胜而不美,而美之者,是乐(yào)杀人。夫乐(yào)杀人者,则不可得志于天下矣。

吉事尚左,凶事尚右。偏将军居左,上将军居右,言以丧礼处之。杀人之众,以哀悲泣之,战胜,以丧礼处之。

第 32 章

道常无名、朴。虽小,天下莫能臣也。

侯王若能守之,万物将自宾。天地相合以降甘露,民莫之令而自均。

始制有名,名亦既有,夫亦将知止。知止可以不殆。

譬道之在天下,犹川谷之于江海。

第 33 章

知人者智,自知者明。胜人者有力,自胜者强。知足者富,强行者有志。

不失其所者久,死而不亡者寿。

第 34 章

大道汜(fàn)兮,其可左右。

万物恃之以生而不辞,功成而不有。

衣养万物而不为主,常无欲,可名于小。万物归焉而不为主,可名为大。

以其终不自为大,故能成其大。

第 35 章

执大象,天下往;往而不害,安平泰。

乐(yuè)与饵,过客止。

道之出口,淡乎其无味,视之不足见(jiàn),听之不足闻,用之不足既。

第 36 章

将欲歙(xī)之,必固张之;将欲弱之,必固强之;将欲废之,必固兴之;将欲取之,必固与之,是谓微明。

柔弱胜刚强。鱼不可脱于渊,国之利器不可以示人。

第 37 章

道常无为而无不为。

侯王若能守之,万物将自化。化而欲作,吾将镇之以无名之朴。

镇之以无名之朴,夫将无欲。不欲以静,天下将自定。

第 38 章

上德不德,是以有德;下德不失德,是以无德。

上德无为而无以为,下德为之而有以为。

上仁为之而无以为,上义为之而有以为。

上礼为之而莫之应,则攘(rǎng)臂而扔之。

故失道而后德,失德而后仁,失仁而后义,失义而后礼。

夫礼者,忠信之薄(bó)而乱之首。前识者,道之华,而愚之始。

是以大丈夫处其厚,不居其薄(bó);处其实,不居其华。

故去彼取此。

第 39 章

昔之得一者,天得一以清,地得一以宁,神得一以灵,谷得一以盈,万物得一以生,侯王得一以为天下贞。

其致之,天无以清,将恐裂,地无以宁,将恐发(fèi,"发"通"废"),神无以灵,将恐歇,谷无以盈,将恐竭,万物无以生,将恐灭,侯王无以正,将恐蹶(jué)。

故贵以贱为本,高以下为基。

是以侯王自谓、孤、寡、不榖(gǔ)。此非以贱为本邪(yé)? 非乎?

故至誉无誉。是故不欲琭(lù)琭如玉,珞(luò)珞如石。

第 40 章

反者,道之动;弱者,道之用。

天下万物生于有,有生于无。

第 41 章

上士闻道,勤而行之;

中士闻道,若存若亡;

下士闻道,大笑之,不笑不足以为道。

故建言有之:明道若昧,进道若退,夷道若纇(lèi)。上德若谷,广德若不足,建德若偷,质真若渝(yú),大白若辱,大方无隅(yú),大器晚成,大音希声,大象无形。

道隐其名,夫唯道,善贷且成。

第 42 章

道生一,一生二,二生三,三生万物。

万物负阴而抱阳,冲气以为和。

人之所恶(wù),唯孤、寡、不穀(gǔ),而王公以为称(chēng)。

故物,或损之而益,或益之而损。

人之所教(jiào),我亦教之。强梁者不得其死,吾将以为教父。

第 43 章

天下之至柔,驰骋天下之至坚,无有入无间。

吾是以知无为之有益。不言之教,无为之益,天下希及之。

第 44 章

名与身孰亲? 身与货孰多? 得与亡孰病?

甚爱必大费,多藏必厚亡。故知足不辱,知止不殆,可以长久。

第 45 章

大成若缺,其用不弊。大盈若冲,其用不穷。

大直若屈,大巧若拙,大辩若讷。

静胜躁,寒胜热。清静为天下正。

第 46 章

天下有道,却走马以粪;天下无道,戎马生于郊。

祸莫大于不知足,咎莫大于欲得。

故知足之足,常足矣。

第 47 章

不出户,知天下;不窥牖,见天道。其出弥远,其知弥少。

是以圣人不行而知,不见而明,不为而成。

第 48 章

为学日益,为道日损。损之又损;以至于无为。无为而无不为。

取天下常以无事,及其有事,不足以取天下。

第 49 章

圣人无常心,以百姓心为心。

善者,吾善之;不善者,吾亦善之,德善。

信者,吾信之;不信者,吾亦信之,德信。

圣人在天下,歙(xī)歙焉,为天下浑其心。

百姓皆注其耳目,圣人皆孩之。

第 50 章

出生入死。生之徒,十有三,死之徒,十有三。人之生,动之于死地,亦十有三。

夫何故?以其生生之厚。

盖闻善摄生者,陆行不遇兕(sì)虎,入军不被(pī)甲兵。兕无所投其角,虎无所措其爪(zhǎo),兵无所容其刃。

夫何故?以其无死地。

第 51 章

道生之,德畜(xù)之,物形之,势成之。

是以万物莫不尊道而贵德。道之尊,德之贵,夫莫之命而常自然。

故道生之,德畜之。长之、育之、亭之、毒之、养之、覆之。

生而不有,为而不恃,长(zhǎng)而不宰,是谓玄德。

第 52 章

天下有始,以为天下母。既得其母,以知其子;既知其子,复守其母,没(mò)身不殆。

塞(sè)其兑,闭其门,终身不勤。开其兑,济其事,终身不救。

见(jiàn)小曰明,守柔曰强。用其光,复归其明,无遗身殃,是为习常。

第 53 章

使我介然有知,行于大道,唯施迤(yí)是畏。

大道甚夷,而民好径。

朝(cháo)甚除,田甚芜,仓甚虚,服文彩,带利剑,厌饮食,财货有余,是谓盗夸,非道也哉!

第 54 章

善建者不拔,善抱者不脱,子孙以祭祀不辍。

修之于身,其德乃真;修之于家,其德乃余;修之于乡,其德乃长(zhǎng);修之于国,其德乃丰;修之于天下,其德乃普。

故以身观身,以家观家,以乡观乡,以国观国,以天下观天下。

吾何以知天下然哉? 以此。

第 55 章

含德之厚,比于赤子。蜂虿(chài)虺(huǐ)蛇不螫(shì),猛兽不据,攫(jué)鸟不搏。

骨弱筋柔而握固。未知牝牡之合而全作,精之至也。终日号而不嗄(shà),

和之至也。

知和曰常,知常曰明,益生曰祥,心使气曰强。

物壮则老,谓之不道,不道早已。

第 56 章

知(zhì)者不言,言者不知(zhì)。

塞(sè)其兑,闭其门,挫其锐,解其纷,和其光,同其尘,是谓玄同。

故不可得而亲,不可得而疏;不可得而利,不可得而害;不可得而贵,不可得而贱,故为天下贵。

第 57 章

以正治国,以奇用兵,以无事取天下。

吾何以知其然哉?以此。天下多忌讳,而民弥贫;民多利器,国家滋昏;人多伎(jì)巧,奇物滋起;法令滋彰,盗贼多有。

故圣人云:"我无为而民自化,我好静而民自正,我无事而民自富,我无欲而民自朴。"

第 58 章

其政闷闷,其民淳淳;其政察察,其民缺缺。

祸兮福之所倚,福兮祸之所伏。

孰知其极?其无正邪。正复为奇,善复为妖,人之所迷,其日固久。

是以圣人方而不割,廉而不刿(guì),直而不肆,光而不耀。

第 59 章

治人事天,莫若啬(sè)。夫唯啬,是谓早服。早服谓之重(chóng)积德。

重积德则无不克,无不克则莫知其极,莫知其极可以有国。有国之母,可以长久。是谓深根固柢(dǐ),长生久视之道。

第60章

治大国若烹小鲜。

以道莅(lì)天下,其鬼不神。非其鬼不神,其神不伤人;非其神不伤人,圣人亦不伤人。

夫两不相伤,故德交归焉。

第61章

大国者下流。

天下之交,天下之牝。牝常以静胜牡,以静为下。

故大国以下小国,则取小国;小国以下大国,则取大国。

故或下以取,或下而取。

大国不过欲兼畜(xù)人,小国不过欲入事人。

夫两者各得其所欲,大者宜为下。

第62章

道者万物之奥,善人之宝,不善人之所保。

美言可以市尊,美行可以加人。人之不善,何弃之有!

故立天子,置三公,虽有拱璧以先驷马,不如坐进此道。

古之所以贵此道者何? 不曰求以得,有罪以免邪(yé)? 故为天下贵。

第63章

为无为,事无事,味无味。大小多少,报怨以德。

图难于其易,为大于其细。天下难事必作于易,天下大事必作于细。

是以圣人终不为大,故能成其大。

夫轻诺必寡信，多易必多难，是以圣人犹难之。故终无难矣。

第64章

其安易持，其未兆易谋，其脆易泮(pàn)，其微易散。

为之于未有，治之于未乱。合抱之木，生于毫末；九层之台，起于累土；千里之行，始于足下。为者败之，执者失之。

是以圣人无为，故无败；无执，故无失。

民之从事，常于几成而败之。慎终如始，则无败事。

是以圣人欲不欲，不贵难得之货。学不学，复众人之所过。以辅万物之自然，而不敢为。

第65章

古之善为道者，非以明民，将以愚之。民之难治，以其智多。

故以智治国，国之贼；不以智治国，国之福。

知此两者，亦稽(jī)式。常知稽式，是谓玄德。玄德深矣，远矣，与物反矣，然后乃至大顺。

第66章

江海所以能为百谷王者，以其善下之，故能为百谷王。

是以圣人欲上民，必以言下之；欲先民，必以身后之。

是以圣人处上而民不重，处前而民不害。是以天下乐推而不厌。

以其不争，故天下莫能与之争。

第67章

天下皆谓我道大，似不肖(xiào)。

夫唯大，故似不肖。若肖，久矣其细也夫。

我有三宝,持而保之。一曰慈,二曰俭,三曰不敢为天下先。

慈,故能勇;俭,故能广;不敢为天下先,故能成器长(zhǎng)。

今舍慈且勇,舍俭且广,舍后且先,死矣!

夫慈,以战则胜,以守则固,天将救之,以慈卫之。

第 68 章

善为士者,不武,善战者,不怒,善胜敌者,不与,善用人者,为之下。

是谓不争之德,是谓用人之力,是谓配天之极也。

第 69 章

用兵有言,吾不敢为主而为客,不敢进寸而退尺。

是谓行(xíng)无行(háng),攘(rǎng)无臂,扔无敌,执无兵。

祸莫大于轻敌,轻敌几丧吾宝。

故抗兵相若,哀者胜矣。

第 70 章

吾言甚易知,甚易行,天下莫能知,莫能行。言有宗,事有君。

夫唯无知,是以不我知。知我者希,则我者贵,是以圣人被(pī)褐怀玉。

第 71 章

知不知,尚矣;不知知,病也。

圣人不病,以其病病,夫唯病病,是以不病。

第 72 章

民不畏威,则大威至。无狎(xiá)其所居,无厌(yà)其所生。

夫唯不厌(yà),是以不厌(yàn)。

是以圣人自知不自见(xiàn)，自爱不自贵。

故去彼取此。

第 73 章

勇于敢则杀，勇于不敢则活。此两者，或利或害。

天之所恶(wù)，孰知其故？是以圣人犹难之。

天之道，不争而善胜，不言而善应，不召而自来，**缚**(chǎn)然而善谋。天网恢恢，疏而不失。

第 74 章

民不畏死，奈何以死惧之！

若使民常畏死，而为奇者，吾得执而杀之，孰敢？常有司杀者杀，夫代司杀者杀，是谓代大匠斫(zhuó)。夫代大匠斫者，希有不伤其手矣。

第 75 章

民之饥，以其上食税之多，是以饥。

民之难治，以其上之有为，是以难治。

民之轻死，以其上求生之厚，是以轻死。

夫唯无以生为者，是贤于贵生。

第 76 章

人之生也柔弱，其死也坚强。草木之生也柔脆，其死也枯槁。

故坚强者死之徒，柔弱者生之徒。

是以兵强则灭，木强则折。强大处下，柔弱处上。

第 77 章

天之道，其犹张弓与！高者抑之，下者举之；有余者损之，不足者补之。

天之道,损有余而补不足。人之道,则不然,损不足以奉有余。

孰能有余以奉天下?唯有道者。

是以圣人为而不恃,功成而不处,其不欲见(xiàn)贤。

第 78 章

天下莫柔弱于水,而攻坚强者莫之能胜,其无以易之。

弱之胜强,柔之胜刚,天下莫不知,莫能行。

是以圣人云,受国之垢,是谓社稷主;受国不祥,是为天下王。正言若反。

第 79 章

和大怨,必有余怨,报怨认德,安可以为善?

是以圣人执左契,而不责于人。有德司契,无德司彻。

天道无亲,常与善人。

第 80 章

小国寡民,使有什伯(bǎi)之器而不用,使民重(zhòng)死而不远徙(xí)。
虽有舟舆,无所乘之;虽有甲兵,无所陈之;使民复结绳而用之。

甘其食,美其服,安其居,乐其俗。

邻国相望,鸡犬之声相闻,民至老死不相往来。

第 81 章

信言不美,美言不信;善者不辩,辩者不善;知(zhì)者不博,博者不知(zhì)。

圣人不积,既以为人,己愈有;既以与人,己愈多。

天之道,利而不害。圣人之道,为而不争。